Josh McDowell   **Sean** McDowell

MAIS QUE UM CARPINTEIRO

A história deste livro pode mudar a sua história

CB038499

© 1977, 2005 por Josh McDowell. Todos os direitos reservados. Edição revisada e ampliada © 2009 por Josh McDowell Ministry and Sean McDowell. Todos os direitos reservados. Edição portuguesa © 2012 por Editora Hagnos. Associação Religiosa Cruzada Estudantil e Profissional para Cristo. Caixa Postal 20231, São Paulo, SP - 04035-990, Brasil. Rua Afonso Celso, 1309, Vila Mariana, São Paulo, SP - 04119-062, Brasil.

1ª edição: novembro de 2012
9ª reimpressão: março de 2025

Tradução: Elizabeth Gomes
Revisão: Andrea Filatro e Doris Körber
Diagramação: Sônia Peticov
Capa: Maquinaria Studio
Editor: Aldo Menezes
Coordenador de produção: Mauro Terrengui
Impressão e acabamento: Imprensa da Fé

As opiniões, as interpretações e os conceitos desta obra são de responsabilidade de quem a escreveu e não refletem necessariamente o ponto de vista da Hagnos.

Todos os direitos desta edição reservados à
EDITORA HAGNOS LTDA.
Rua Geraldo Flausino Gomes, 42, conj. 41
CEP 04575-060 — São Paulo, SP
Tel.: (11) 5990-3308

E-mail: editorial@hagnos.com.br | Home page: www.hagnos.com.br
Editora associada à Associação Brasileira de Direitos Reprográficos (ABDR)

Dados Internacionais de Catalogação na Publicação (CIP)
Câmara Brasileira do Livro, SP, Brasil

McDowell, Josh

Mais que um carpinteiro: a história deste livro pode mudar a sua história / Josh McDowell, Sean McDowell; traduzido por Elizabeth Gomes. — São Paulo: Hagnos, 2012.

Título original: More than a Carpenter.

ISBN 978-85-243-0487-3

1. Jesus Cristo: Pessoa e missão I. McDowell, Sean. II. Título.

12-03763   CDD 232

Índices para catálogo sistemático:
1. Jesus Cristo: Pessoa e missão: Cristologia   232

Para Dick e Charlotte Day,
cuja vida sempre refletiu que
Jesus era bem mais que um carpinteiro

Este livro me faz crer que vale a pena ter uma fé simples, porém fundamentada em sólida inteligência.

Armando Bispo
Pastor da Igreja Batista Central de Fortaleza

Mais que um Carpinteiro foi um dos livros que mais me ajudaram logo após a minha conversão a Jesus Cristo. A argumentação clara e lógica de McDowell me ajudaram a firmar a minha fé, satisfazer a minha mente e aquietar meu coração. A minha oração é que este clássico, agora republicado pela Hagnos, seja usado por Deus para também ajudar outros jovens alcançados pela graça.

Augustus Nicodemus Lopes,
Reverendo e doutor
professor de Novo Testamento do Centro Presbiteriano de
Pós-Graduação Andrew Jumper.

Por que o Senhor Jesus Cristo é o personagem mais controvertido da história? McDowell resume essa resposta em Mais que um Carpinteiro de maneira clara e concisa. É o único verdadeiro homem e verdadeiro Deus e somente Ele é assim. O autor descreve a identidade de Jesus numa linguagem vívida e cativante, seus argumentos são bíblicos e indestrutíveis e traz tudo o que uma pessoa precisa saber sobre Jesus de Nazaré.

Esequias Soares
Pastor da Igreja Assembleia de Deus de Jundiaí - SP
Autor da Hagnos

O livro Mais que um Carpinteiro marcou uma geração. Era o livro texto para todo crente que queria argumentos consistentes para enfrentar a onda de ataques contra a fé cristã. O relançamento deste livro é tão oportuno hoje como o foi no passado. Esse livro é leitura obrigatória para todo cristão que precisa estar bem-informado sobre os aspectos mais importantes da vida cristã.

Hernandes Dias Lopes
Reverendo e mestre
Pastor da primeira igreja presbiteriana de Vitória — ES
Autor da Hagnos e diretor de LPC

Josh McDowell investigou, pesquisou e foi fundo para tirar as próprias dúvidas sobre Deus e a divindade de Jesus Cristo. Por isso, ele melhor que ninguém pode ajudar a quem, sinceramente, busca respostas para as mesmas questões. Perdi a conta de quantos livros já comprei e dei de presente!

Judith Kemp
Ministério Lar Cristão
Missionária, autora e esposa do pastor Jaime Kemp

Sumário

Prefácio 9

1. Minha história 11
2. O que torna Jesus uma pessoa tão diferente? . 18
3. Senhor, mentiroso ou lunático? 35
4. O que dizer a respeito da ciência? 49
5. O desafio do novo ateísmo 54
6. Os documentos bíblicos são confiáveis? 76
7. Quem morreria por uma mentira? 105
8. De que vale um Messias morto? 122
9. Você soube o que aconteceu com Saulo? 129
10. Alguém pode deter um homem bom? 140
11. Por favor, que o verdadeiro Messias se
    apresente 158
12. Não existe outro caminho? 169
13. Ele mudou minha vida 176

Sobre os autores 187

Prefácio

Quando, em 1976, me sentei pela primeira vez com 12 blocos de papel, 48 horas de tempo livre e *muito* café para escrever o livro que se tornaria *Mais que um carpinteiro*, eu o fiz esperando ajudar seguidores de Jesus a responder a perguntas sobre sua fé, inspirando pessoas em busca espiritual a investigar com honestidade as reivindicações de Jesus. Nunca sonhei que a história de minha jornada pessoal do ceticismo até a fé acabaria vendendo mais de quinze milhões de exemplares, fosse traduzido para quase cem línguas diferentes e motivasse leitores de todo o mundo a examinar mais perto e profundamente a possibilidade da fé. Continuo experimentando honra e humildade cada vez que alguém me diz que meu livro fez diferença em sua vida.

Contudo, continuo também a ser impactado por tantas coisas que aconteceram no mundo desde que *Mais que um carpinteiro* foi lançado. Foram (e continuam sendo) realizadas descobertas que lançam ainda mais luz sobre a historicidade de Jesus Cristo. Os "novos ateus" invadiram cultura popular com livros que proclamam a morte da fé e a derrocada de Deus.

Enquanto a geração atual enfrenta uma multidão de novos questionamentos e escolhas, continua confrontando as questões antigas: quem é Jesus? Que provas existem de que Ele era Filho de Deus? E se isso for verdade, que diferença faria em minha vida?

Com base em todos esses aspectos, concluí que era hora de fazer uma revisão adequada ao século 21 da obra *Mais que um carpinteiro*. Convidei meu filho, Sean, conhecido palestrante, mestre e escritor de apologética e Bíblia, para atualizar o livro comigo. Sean trouxe à mesa fortes credenciais acadêmicas (mestrado duplo em filosofia e teologia), além de sua própria experiência como autor, oferecendo uma bem-vinda perspectiva sobre a fé na pós-modernidade. Trabalhamos juntos para criar um capítulo totalmente novo, revisar o material existente, incluir perguntas para discussão e apresentar uma visão atual. O resultado é uma nova edição de *Mais que um carpinteiro* que, apesar de atualizada, retém seu exame original dos fatos e a busca pela verdade.

Sean e eu desejamos profundamente que este livro tenha impacto transformador sobre uma nova geração de pessoas em busca de clareza espiritual.

—JM

1

Minha história

Tomás de Aquino, filósofo do século 12, escreve: "Dentro de cada alma há uma sede de felicidade e significado". Comecei a sentir essa sede quando adolescente. Eu queria ser feliz. Desejava que minha vida tivesse significado. Fui tomado pelas três perguntas básicas que assombram toda vida humana: quem sou eu? Por que estou aqui? Para onde vou? Eu queria respostas e, como jovem estudante, comecei a buscá-las.

Onde cresci, todo mundo parecia ser religioso, e achei que talvez encontrasse respostas sendo religioso. Entrei de cabeça na igreja. Estava lá toda vez que a igreja abria as portas – de manhã, de tarde ou de noite. Mas devo ter escolhido a igreja errada, porque me sentia pior dentro do que fora do templo. Criado em uma fazenda em Michigan, eu herdara uma praticidade rural que aconselha: se alguma coisa não der certo, devo deixá-la de lado. Assim, descartei a religião.

Pensei, então, que a resposta para minha busca por significado deveria estar na cultura e na educação, e matriculei-me em uma universidade. Logo me tornei o estudante mais desprezado pelos professores. Eu os interrompia em seus escritórios e os atormentava, pedindo respostas às minhas perguntas. Quando viam que eu estava chegando, eles apagavam as luzes, fechavam as venezianas e trancavam a porta. Pode-se aprender muita coisa na universidade, mas eu não encontrava as respostas que procurava. O corpo docente e meus colegas estudantes tinham tantos problemas, frustrações e questionamentos quanto eu.

Certo dia, vi no *campus* um estudante vestindo uma camiseta com os dizeres: "Não me siga – estou perdido". Era isso o que eu sentia com relação a todos na universidade. Concluí que a educação não era a resposta.

> **O que você pensa?**
>
> *Você concorda com o filósofo Tomás de Aquino de que "dentro de cada alma há uma sede de felicidade e significado"?*

Comecei a pensar que poderia encontrar felicidade e significado no prestígio e na fama. Escolheria uma nobre causa a defender e, no processo, passaria a ser conhecido pelo *campus*. As pessoas de maior prestígio na universidade eram os líderes estudantis, que controlavam também as finanças. Consegui ser eleito para diversas posições discentes. Conhecer todo mundo na universidade era uma experiência inebriante – tomar decisões importantes, empregar o dinheiro da universidade para convidar os palestrantes que eu queria ouvir, e gastar o dinheiro dos alunos dando as festas que eu queria aproveitar.

Mas a emoção do prestígio se desgastou, assim como tudo o que eu experimentara. Eu acordava na segunda-feira geralmente com enxaqueca por causa da noite anterior e apavorado por ter de enfrentar mais cinco dias miseráveis. Suportava de segunda a sexta-feira, vivendo à espera das noites de balada de sexta, sábado e domingo. Então, na segunda seguinte, o ciclo de insignificância recomeçava.

MINHA HISTÓRIA

Eu não queria demonstrar aos outros que minha vida não tinha significado. Era muito orgulhoso. Todo mundo achava que eu era a pessoa mais feliz do *campus*. Jamais suspeitavam que minha vida fosse uma fraude. Tudo dependia das circunstâncias. Se as coisas iam bem para mim, eu me sentia bem. Quando as coisas iam mal, eu me sentia enojado. Só não deixava que os outros percebessem. Eu era como um barco jogado pelas ondas do mar, para lá e para cá. Não tinha um leme – não havia direção ou controle. Mas eu não conhecia outro modo de viver. Não encontrava quem me dissesse que eu poderia viver de outra maneira. Eu estava frustrado. Não – era ainda pior. Existe um termo mais forte para descrever minha vida: era um verdadeiro inferno.

> Todo mundo achava que eu era a pessoa mais feliz do *campus*. Mas a minha vida era um verdadeiro inferno.

Naquele tempo, observei um pequeno grupo – oito estudantes e dois professores – que parecia diferente dos outros. Eles sabiam quem eram e para onde iam. Tinham fortes convicções. Era animador en-

> **O que você pensa?**
> *Você gosta de estar perto de pessoas que têm convicções fortes? O que torna isso uma experiência empolgante ou uma experiência frustrante?*

contrar pessoas com convicções fortes e eu gostava de estar junto delas. Admiro pessoas que creem em algo e se posicionam quanto a isso, ainda que eu não concorde com suas crenças.

Era evidente que aquelas pessoas possuíam algo que eu não tinha. Eram tremendamente felizes. A felicidade delas não aumentava ou diminuía ao sabor das circunstâncias da vida universitária – era constante. Elas pareciam ter uma fonte interior de alegria e eu me perguntava de onde isso poderia vir.

Outra característica dessas pessoas me chamava a atenção – suas atitudes e ações para com os outros. Elas amavam uns aos outros com autenticidade – não apenas aqueles que faziam parte de seu grupo, mas também as pessoas de fora do círculo. Não só falavam de amor; envolviam-se na vida das pessoas, ajudando-as em seus problemas e necessidades. Tudo isso era estranho para mim, mas me atraía muito.

> – Cristianismo, que nada! – falei presunçoso. – Isso é para fracotes ignorantes, não para intelectuais!

Como acontece com a maioria das pessoas, quando vejo algo que não tenho e quero muito, começo a buscar um modo de obtê-lo. Resolvi ficar amigo daquelas pessoas intrigantes.

> O cristianismo não é uma religião. Religião é seres humanos tentando alcançar a Deus por meio de boas obras. Cristianismo é Deus vindo aos homens e mulheres por meio de Jesus Cristo.

Umas duas semanas mais tarde, eu estava sentado na sala da união estudantil conversando com um dos membros desse grupo; a conversa passou a girar sobre o assunto "Deus". Eu estava bastante cético e inseguro quanto a esse tema, e me protegi atrás de uma fachada bem grande. Virei-me em minha cadeira, agindo como se não desse a mínima: – Cristianismo, que nada! – falei presunçoso. – Isso é para fracotes ignorantes, não para intelectuais!

É claro que, debaixo dessa minha fanfarrice, eu queria o que aquelas pessoas tinham, mas meu orgulho não as deixava saber a dor urgente da minha necessidade. O assunto me incomodava, mas eu não podia ceder. Voltei-me para uma das estudantes, uma

MINHA HISTÓRIA

bela jovem (eu achava que todos os cristãos eram feios), e a desafiei: – Diga-me uma coisa: Por que você é tão diferente dos outros alunos e professores dessa faculdade? O que mudou a sua vida?

O que você pensa?
Como você define religião?

Sem embaraço ou hesitação, ela olhou nos meus olhos e com toda seriedade disse duas palavras que eu nunca esperara ouvir numa discussão inteligente na universidade: – Jesus Cristo. Dei um pulo. – Jesus Cristo?! Pelo amor de Deus, não me venha com essa baboseira! Estou farto de religião. Cansei de igreja. Não quero mais saber da Bíblia.

Imediatamente, a jovem retrucou:

– Eu não disse *religião*, eu disse Jesus Cristo!

Ela ressaltou algo que eu nunca havia considerado: o cristianismo não é uma religião. Religião é seres humanos tentando alcançar a Deus por meio de boas obras. Cristianismo é Deus vindo aos homens e mulheres por meio de Jesus Cristo.

Eu não aceitava isso, nem por um minuto. Espantado pela coragem e convicção da jovem, pedi desculpas por minha atitude e completei: – Mas estou cansado de religião e de gente religiosa. Não quero nada com isso.

Se eu pudesse demonstrar que a Bíblia não era historicamente confiável, provaria que o cristianismo era uma fantasia ilusória inventada por alguns sonhadores religiosos.

Então meus novos amigos me propuseram um desafio inacreditável. Eles me desafiaram a fazer um rigoroso exame intelectual do que Jesus Cristo afirmava – que Ele é Filho de Deus, habitou um corpo humano e viveu entre gente de verdade; morreu em uma cruz pelos pecados da humanidade, foi sepultado e ressurgiu três dias depois; e vive e ainda hoje pode transformar a vida das pessoas. Pensei que fosse uma piada. Qualquer pessoa que pensa um pouco sabe que o cristianismo está baseado em um mito. Eu achava que só um idiota poderia acreditar que Cristo ressuscitou. Eu ficava esperando que os cristãos abrissem a boca na sala de aula para que eu pudesse desmascará-los. Achava, que se um cristão tivesse um único neurônio, este morreria de solidão.

> Encontrei evidências. Evidências abundantes, nas quais jamais acreditaria se não as tivesse visto com meus próprios olhos. Finalmente, só pude chegar a uma única conclusão: para permanecer intelectualmente honesto, deveria admitir que os documentos do Antigo e do Novo Testamento estavam entre os mais confiáveis escritos da Antiguidade.

Aceitei o desafio. Mais por rancor, a fim de provar quanto eles estavam errados. Estava convencido de que o cristianismo sucumbiria às evidências. Eu cursava direito e sabia alguma coisa a respeito de evidências. Investigaria a fundo as alegações do cristianismo e derrubaria as escoras que sustentavam sua religião de logro.

Comecei pela Bíblia. Sabia que, se conseguisse descobrir evidências indisputáveis de que o relato bíblico não era confiável, todo o cristianismo desmoronaria. Claro, os cristãos podiam mostrar que o seu livro afirmava ter Cristo nascido de uma virgem, realizado milagres e ressuscitado dos mortos. Mas o que adiantaria? Se eu pudesse demonstrar que a Bíblia não era historicamente confiável, provaria que o cristianismo era uma fantasia ilusória inventada por alguns sonhadores religiosos.

MINHA HISTÓRIA

Levei a sério o desafio. Passei meses pesquisando. Até tranquei a matrícula na faculdade para estudar por um período nas ricas bibliotecas históricas da Europa. E encontrei evidências. Evidências abundantes, nas quais jamais acreditaria se não as tivesse visto com os meus próprios olhos. Finalmente, só pude chegar a uma única conclusão: para permanecer intelectualmente honesto, deveria admitir que os documentos do Antigo e do Novo Testamento estavam entre os mais confiáveis escritos da Antiguidade. Se eram confiáveis, o que dizer de Jesus, que eu descartara como sendo um mero carpinteiro, de uma cidade isolada, em um minúsculo país oprimido; um homem que fora acusado por sua própria visão de grandeza?

> **O que você pensa?**
>
> *Se Deus se fez homem, qual a melhor maneira de Ele se comunicar com a sua criação?*

Eu precisava admitir que Jesus Cristo era *mais* que um carpinteiro. Era tudo aquilo que dizia ser.

Minha pesquisa não apenas me fez dar meia-volta intelectualmente, como respondeu às três perguntas que deflagraram a minha procura por felicidade e significado. Mas, como diz Paul Harvey, esse é o "resto da história", que eu lhes contarei no final deste livro. Primeiro, quero compartilhar o cerne do que aprendi naqueles meses de pesquisa, para que você também possa ver que o cristianismo não é um mito, nem fantasia ilusória de alguns sonhadores religiosos, nem um embuste forjado sobre mentes simplórias. É uma verdade, sólida como a rocha firme. E garanto que, quando você reconhecer por si mesmo essa verdade, estará no limiar de encontrar as respostas a essas três perguntas: quem eu sou? Qual o meu propósito? Qual o meu destino?

2

O que torna Jesus uma pessoa tão diferente?

Algum tempo após minha descoberta sobre a Bíblia e sobre o cristianismo, eu andava em um táxi em Londres e mencionei alguma coisa sobre Jesus para o motorista, que imediatamente retrucou: – Não gosto de discutir religião, especialmente Jesus. Não pude deixar de perceber a semelhança entre sua reação e a minha, quando aquela jovem cristã me disse que Jesus Cristo havia transformado a sua vida. Parece que apenas mencionar o nome de Jesus perturba as pessoas. Elas ficam envergonhadas, zangadas, ou querem mudar de assunto. Você pode falar em Deus e as pessoas não se irritam muito, mas, quando mencionamos Jesus, querem parar com a conversa. Por que os nomes de Buda, Maomé ou Confúcio não ofendem as pessoas tanto quanto o nome de Jesus?

Creio que isso acontece porque esses outros líderes religiosos não alegavam ser Deus. Essa é a grande diferença entre Jesus e todos os demais. Não demorou muito para as pessoas que conheceram Jesus perceberem que aquele carpinteiro de Nazaré fazia declarações surpreendentes sobre si mesmo. Ficou patente que tais reivindicações o identificavam como muito mais que um simples profeta ou mestre. Era óbvio que Ele afirmava ser Deus. Ele se apresentava como o único caminho para a salvação e a única fonte de perdão dos pecados – coisas que aquelas pessoas sabiam que só Deus podia afirmar.

Para muitos hoje em dia, a declaração feita por Jesus, de ser o Filho de Deus, é demasiado exclusivista. Em nossa cultura pluralista, isso é considerado tacanho – com laivos de fanatismo e intolerância. Não queremos crer nisso. Contudo, a questão não é no que queremos crer, mas quem Jesus defendia ser. O que Ele disse é verdade? Era o que eu queria descobrir quando aceitei o desafio dos meus amigos universitários.

> **O que você pensa?**
> *Jesus disse que era o Filho de Deus. Por que isso é um problema para tantas pessoas? Por que elas ficam menos ofendidas quando falamos em Deus do que quando falamos em Jesus?*

Comecei a examinar tudo o que estava disponível a respeito dos documentos do Novo Testamento para ver o que realmente diziam. Passei a analisar a expressão "divindade de Cristo" para saber exatamente o que implicava a declaração de que Cristo é Deus. Augustus H. Strong, ex-presidente do Seminário Teológico de Rochester, em sua *Teologia Sistemática*, define Deus como sendo "espírito infinito e perfeito em quem todas as coisas têm sua origem, sustento e fim".[1] Tal definição de Deus é adequada não somente para os cristãos mas também para todo teísta, incluindo judeus e maometanos. O teísmo ensina que Deus é pessoal e o universo foi projetado e criado por Ele. Deus o sustenta e o governa no presente. Mas o

---

[1] STRONG, Augustus H. *Systematic Theology*. Philadelphia: Judson Press, 1907, 1:52.

teísmo cristão acrescenta algo a essa definição: Deus se encarnou em Jesus de Nazaré.

As palavras Jesus Cristo não são um nome e um sobrenome – são um nome e um título. O nome Jesus deriva da forma grega *Yeshua* ou Josué, que significa "Jeová salva" ou "o Senhor salva". O título Cristo é derivado da palavra grega para Messias (do hebraico *Meshiach*, conforme Daniel 9:26), que significa "o ungido". Dois ofícios, de rei e de sacerdote, são indicados no uso do título *Cristo*. Esse título afirma Jesus como o rei e o sacerdote prometido nas profecias do Antigo Testamento. É uma afirmação essencial para o entendimento correto de Jesus e do cristianismo.

> O nome Jesus é derivado da forma grega *Yeshua* ou Josué, que significa "Jeová salva" ou "o Senhor salva". O título Cristo é derivado da palavra grega para Messias (do hebraico *Meshiach*, conforme Daniel 9:26), que significa "o ungido".

O Novo Testamento apresenta claramente Cristo como Deus. A maioria dos nomes que se aplicam a Cristo só pode ser aplicada a Deus. Por exemplo, Jesus é chamado de Deus na declaração: *...aguardando a bendita esperança e a manifestação da glória do nosso grande Deus e Salvador Cristo Jesus* (Tito 2:13; v. tb. João 1:1; Romanos 9:5; Hebreus 1:8; 1João 5:20-21). As Escrituras atribuem a Jesus características que só podem ser verdadeiras a respeito do próprio Deus. Descrevem-no como preexistente (v. João 1:2; 8:58; 17:5; 17:24); onipresente (v. Mateus 18:20; 28:20); onisciente (v. Mateus 17:22-27; João 4:16-18; 6:64); onipotente (v. Mateus 8:26-27; Lucas 4:38-41; 7:14-15; 8:24-25; Apocalipse 1:8); possuidor de vida eterna (v. 1João 5:11-12, 20).

Jesus recebeu honra e adoração devidas somente a Deus. Em confronto com Satanás, disse: *Ao Senhor, teu Deus, adorarás, e só a Ele prestarás culto* (Mateus 4:10). No entanto, Jesus foi adorado como Deus (Mateus 14:33; 28:9) e por vezes até mesmo alegou ser digno de honra como Deus (v. João 5:23; Hebreus 1:6; Apocalipse 5:8-14).

Os primeiros seguidores de Jesus eram, em sua maioria, judeus devotos que criam em um único Deus verdadeiro. Monoteístas até o âmago, ainda assim, conforme demonstram os exemplos seguintes, eles o reconheceram como Deus encarnado.

> As Escrituras atribuem a Jesus características que só podem ser verdadeiras a respeito de Deus. Jesus recebeu honra e adoração devidas somente a Deus.

Devido à sólida formação rabínica do apóstolo Paulo, seria improvável que ele atribuísse divindade a Jesus, adorasse um homem de Nazaré e o chamasse de Senhor. Mas foi exatamente o que ele fez. Reconheceu a Jesus como Deus quando declarou: *Portanto, tende cuidado de vós mesmos e de todo o rebanho sobre o qual o Espírito Santo vos constituiu bispos, para pastorear a igreja de Deus, que Ele comprou com o próprio sangue* (Atos 20:28).

Quando Jesus perguntou aos discípulos quem eles achavam que Ele era, Simão Pedro confessou: *Tu és o Cristo, o Filho do Deus vivo* (Mateus 16:16). Jesus respondeu à confissão de Pedro não corrigindo a conclusão do homem, mas, sim, validando e reconhecendo sua origem: *Simão Barjonas, tu és bem-aventurado, pois não foi carne e sangue que te revelaram isso, mas meu Pai, que está no céu* (Mateus 16:17).

Marta, amiga próxima de Jesus, disse-lhe: *Sim, Senhor, eu creio que tu és o Cristo, o Filho de Deus que devia vir ao mundo*

(João 11:27). Temos ainda o franco Natanael, que acreditava não poder vir nada de bom de Nazaré, admitindo a Jesus: *Rabi, tu és o Filho de Deus, tu és o Rei de Israel!* (João 1:49). Quando Estêvão, primeiro mártir cristão, estava sendo apedrejado, clamou: *Senhor Jesus, recebe o meu espírito!* (Atos 7:59). O autor do livro de Hebreus chama Cristo de Deus ao declarar: *O teu trono, ó Deus, subsiste pelos séculos dos séculos, e o cetro do teu reino é cetro de equidade* (Hebreus 1:8).

> **O que você pensa?**
>
> *Você se consideraria mais parecido com Marta (sempre pronta para crer) ou com Tomé (que duvidava) ou ainda com Natanael (um cínico) em suas atitudes para com Jesus?*

Temos também Tomé, é claro, mais conhecido como aquele que duvidou (quem sabe era um estudante de pós-graduação?). Tomé desafiou: *Se eu não vir o sinal dos pregos nas mãos e não puser o meu dedo no seu lado, de maneira nenhuma crerei* (João 20:25). Eu me identifico com Tomé, que na verdade quis dizer: "Escute aqui, não é todo dia que alguém ressuscita dos mortos e diz ser Deus encarnado. Se vocês esperam que eu acredite, preciso de provas". Oito dias depois de Tomé ter expressado suas dúvidas aos colegas discípulos, Jesus apareceu repentinamente dizendo: *Paz seja convosco! Depois disse a Tomé: Coloca aqui o teu dedo e vê as minhas mãos. Estende a tua mão e coloca-a no meu lado. Não sejas incrédulo, mas crente! Tomé lhe respondeu: Senhor meu e Deus meu* (João 20:26-28). Jesus aceitou o reconhecimento de Tomé de que Ele era Deus. Repreendeu ao discípulo pela incredulidade, mas não pela adoração.

A essa altura, um crítico poderá dizer que todas essas declarações são de outras pessoas a respeito de Cristo, e não proveniente dele próprio. Logo, as pessoas que viviam na época de Jesus não o entendiam, como hoje nós também não o entendemos. Atribuíam divindade a Cristo, mas Ele mesmo não afirmava ser divino.

Quando nos aprofundamos nas páginas do Novo Testamento, porém, vemos que Cristo, na verdade, afirmou ser Deus. As referências são abundantes, e seu significado é claro. Estas são as palavras de um empresário que escrutinou as Escrituras a fim de verificar se Cristo dizia ou não ser Deus: "Qualquer um que lê o Novo Testamento sem concluir que Jesus declarou ser divino é como um cego ao ar livre num dia ensolarado dizendo que não consegue ver o sol".

> **O que você pensa?**
>
> *Por que você acha que os líderes judeus estavam tão furiosos com Jesus após Ele ter curado no sábado? Era por se tratar de um dia sagrado, ou havia algum outro motivo?*

No evangelho de João vemos o confronto entre Jesus e um grupo de judeus. O debate surgiu porque Jesus havia curado um homem no sábado (era proibido aos judeus qualquer forma de trabalho no sábado). *Por isso, os judeus começaram a perseguir Jesus, porque Ele fazia essas coisas no sábado. Mas Jesus lhes respondeu: Meu Pai trabalha até agora, e eu trabalho também. Por isso, os judeus procuravam ainda mais matá-lo, não só porque infringia o sábado, mas também porque dizia que Deus era seu Pai, fazendo-se igual a Deus* (João 5:16-18).

Você pode dizer: "Escute aqui, Josh, não sei como isso prova alguma coisa. Jesus chamava Deus de Pai. E daí? Todos os cristãos chamam Deus de Pai – e isso não significa que eles estão afirmando ser Deus". Os judeus daquela época captaram, nas palavras de Jesus, um significado que se perdeu

MAIS QUE UM CARPINTEIRO

para nós. Sempre que estudamos um documento, temos de levar em conta a linguagem, a cultura e especialmente a pessoa ou as pessoas a quem o documento se dirige. Nesse caso, a cultura é a judaica, e as pessoas a quem Ele se dirige são os líderes religiosos judaicos. Algo sobre o que Jesus disse realmente os incomodou: *Por isso, os judeus procuravam ainda mais matá-lo, não só porque infringia o sábado, mas também porque dizia que Deus era seu Pai, fazendo-se igual a Deus* (João 5:18). O que teria sido dito que causou tão drástica reação? Examinemos a passagem para ver como os judeus entenderam o que disse Jesus há mais de dois mil anos, no contexto cultural em que viviam.

> Você pode dizer: "Escute aqui, Josh, não sei como isso prova alguma coisa. Jesus chamava Deus de Pai. E daí? Todos os cristãos chamam Deus de Pai – e isso não significa que eles estão afirmando ser Deus".

O problema estava no fato de Jesus ter dito *"meu Pai"* e não *"nosso Pai"*. Pelas regras do idioma na época, essas palavras de Jesus equivaliam a uma afirmativa de que Ele era igual a Deus Pai. Os judeus não se referiam a Deus como "meu Pai". Quando o faziam, acrescentavam o qualificador "que está no céu", mas aqui, Jesus não usou esse complemento. Ao chamar Deus de "meu Pai", fez uma reivindicação que os judeus não tinham como interpretar equivocadamente.

E, para tornar as coisas piores, com a frase *meu Pai trabalha até hoje e eu trabalho também,* Jesus colocava suas ações em pé de igualdade com as ações de Deus Pai. Novamente, os judeus entenderam que Ele estava proclamando ser o Filho de Deus. Como resultado, o ódio que tinham por Jesus aumentou mais

O QUE TORNA JESUS UMA PESSOA TÃO DIFERENTE?

ainda. Até aqui, todas as tentativas eram apenas de persegui-lo, mas agora tramavam matá-lo.

Jesus não apenas reivindicou igualdade com Deus o Pai como também asseverou que era um com Ele. Durante a Festa da Dedicação em Jerusalém, outros líderes judeus se aproximaram de Jesus e perguntaram se Ele era o Cristo. Jesus concluiu seus comentários afirmando: *Eu e o Pai somos um* (João 10:30). *Então os judeus pegaram outra vez em pedras para apedrejá-lo. Jesus lhes disse: Eu vos mostrei muitas boas obras da parte de meu Pai; por qual delas quereis me apedrejar?* (João 10:31-32).

Podemos perguntar por que os judeus reagiram tão fortemente ao que Jesus disse sobre ser um com o Pai. A estrutura da frase no grego nos dá a resposta. A. T. Robertson, renomado estudioso do grego explica que a palavra *um* está no neutro, não no masculino, portanto não indica unidade em pessoa ou propósito, mas "em essência ou natureza". E Robertson acrescenta: "Esta sucinta declaração é o clímax das afirmativas de Cristo a respeito da relação entre Ele (o Filho) e o Pai. Elas provocam nos fariseus uma ira incontrolável".[2]

É evidente que nesta declaração os judeus ouviram claramente Jesus dizer que é Deus. Assim, Leon Morris, ex-diretor da Faculdade Ridley, em Melbourne, escreve:

> Os judeus só podiam ver a palavra de Jesus como blasfêmia e reagiram tomando o julgamento em suas próprias mãos. A Lei declarava que a blasfêmia seria punida com apedrejamento (v. Levítico 24:16), mas aqueles homens não permitiram

---

[2] ROBERTSON, Archibald Thomas. *Word Pictures in the New Testament.* New York: Harper & Brothers, 1932, 5:186.

25

que os devidos procedimentos da lei tomassem seu rumo. Não prepararam uma acusação formal para que as autoridades tomassem a ação requerida. Em sua fúria, eles se prepararam para serem ao mesmo tempo juízes e algozes.[3]

Os judeus ameaçaram apedrejar a Jesus devido à "blasfêmia" – o que nos revela que entendiam perfeitamente o fato de Jesus afirmar que era Deus. Mas será que eles não pararam para considerar a veracidade dessa afirmativa?

> **O que você pensa?**
> *Os judeus ameaçavam apedrejar a Jesus alegando blasfêmia. Era porque eles sentiam culpa por não crer naquele que começava a convencê-los? Ou estavam apenas invejosos de sua popularidade?*

Jesus se referiu continuamente a si mesmo como sendo um, em essência e natureza, com Deus. Asseverou com ousadia: *Não conheceis a mim, nem a meu Pai; se conhecêsseis a mim, também conheceríeis a meu Pai* (João 8:19); *e quem me vê, vê aquele que me enviou* (João 12:45); *Aquele que me odeia, também odeia a meu Pai* (João 15:23); *Para que todos honrem o Filho, assim como honram o Pai. Quem não honra o Filho não honra o Pai que o enviou* (João 5:23). Estas referências indicam claramente que Jesus via a si mesmo como mais que homem; Ele afirmava ser igual a Deus. Os que dizem que Jesus estava apenas um pouco mais próximo ou então era íntimo de Deus terão de considerar sua declaração: *Quem não honra o Filho não honra o Pai que o enviou.*

---

[3] MORRIS, Leon. "The Gospel According to John", *The New International Commentary on the New Testament*. Grand Rapids, MI: Eerdmans, 1971, p. 524.

O QUE TORNA JESUS UMA PESSOA TÃO DIFERENTE?

Eu estava dando aula de Literatura em uma universidade em West Virginia quando um professor me interrompeu e disse que o único evangelho no qual Jesus declarava ser Deus era o de João, o último a ser escrito. Ele então afirmou que Marcos, o primeiro evangelho escrito, não menciona uma única vez que Jesus dizia ser Deus. Aquele professor simplesmente não havia lido o evangelho de Marcos com cuidado.

Para responder, voltei ao evangelho de Marcos, a uma passagem em que Jesus afirma ter poder para perdoar os pecados. *Vendo-lhes a fé, Jesus disse ao paralítico: Filho, os teus pecados estão perdoados* (Marcos 2:5; v. tb. Lucas 7:48-50). De acordo com a teologia judaica, só Deus poderia dizer uma coisa dessas. Isaías 43:25 restringe o perdão de pecados exclusivamente à prerrogativa divina. Quando os escribas ouviram Jesus perdoando os pecados daquele homem, disseram: *Por que esse homem fala dessa maneira? Ele está blasfemando! Quem pode perdoar pecados senão um só, que é Deus?* (Marcos 2:7). Jesus perguntou então o que seria mais fácil dizer ao paralítico: *Teus pecados estão perdoados* ou *Levanta-te, toma teu leito e anda?*

> Os que dizem que Jesus estava apenas um pouco mais próximo ou então era íntimo de Deus terão de considerar sua declaração: "Quem não honra o Filho não honra o Pai que o enviou".

Conforme o *Comentário Bíblico de Wycliffe*, esta é

uma pergunta impossível de responder. As declarações são igualmente fáceis de pronunciar, mas dizer qualquer uma delas e ter um desempenho que as acompanhe, isso exige poder de Deus. É claro que um impostor, procurando não ser

MAIS QUE UM CARPINTEIRO

descoberto, acharia mais fácil a primeira. Jesus prosseguiu e curou o mal para que os homens soubessem que Ele tinha autoridade para tratar de sua causa.[4]

Com isso, os líderes religiosos acusaram Jesus de blasfêmia. Lewis Sperry Chafer, fundador e primeiro presidente do Seminário Teológico de Dallas, escreve que:

> ninguém na terra tem autoridade ou direito de perdoar os pecados. Ninguém poderia perdoar o pecado senão aquele contra quem todos pecaram. Quando Cristo perdoou os pecados, e Ele certamente o fez, não estava exercendo uma prerrogativa humana. Como ninguém, a não ser Deus, pode perdoar os pecados, demonstra-se de modo concludente que Cristo, tendo perdoado pecados, é Deus.[5]

O que você pensa?

Neste caso, por que você acha que Jesus disse "Os teus pecados estão perdoados" em vez de "Levanta-te e anda"?

Este conceito de perdão me perturbou bastante porque eu simplesmente não o entendia. Certa vez, numa aula de Filosofia, ao responder a uma pergunta sobre a divindade de Cristo, citei Marcos 2:5. Um professor assistente desafiou minha conclusão de que a divindade de Cristo demonstrava-se no fato de Ele perdoar os pecados. Disse que Ele mesmo poderia perdoar as pessoas sem que esse ato

---

[4] PFEIFFER, Charles F.; HARRISON, Everett F. (orgs.). *The Wycliffe Bible Commentary*. Chicago: Moody, 1962, p. 943-944.
[5] CHAFER, Lewis Sperry. *Systematic Theology*. Dallas: Dallas Theological Seminary Press, 1947, 5:21.

28

comprovasse que fosse Deus. As pessoas fazem isso o tempo todo. Ao pensar no que aquele professor disse, a resposta repentinamente me atingiu. Eu sabia por que os líderes religiosos reagiram tão fortemente contra Cristo. Sim, qualquer pessoa pode dizer "eu perdoo você", mas somente se o pecado tiver sido cometido contra Ele. Se você peca contra mim, tenho o direito de perdoá-lo. Mas, se você pecar contra outra pessoa, eu não tenho esse direito. O paralítico não havia pecado contra o homem Jesus; os dois homens nunca haviam se encontrado antes. O paralítico pecara contra Deus. Veio, então, Jesus, que por sua própria autoridade disse: *Os teus pecados estão perdoados*. Sim, podemos perdoar pecados cometidos contra nós, mas ninguém pode perdoar pecados cometidos contra Deus, exceto o próprio Deus. Foi exatamente isso o que Jesus fez.

> **O que você pensa?**
> *Você concorda que ninguém pode perdoar os pecados cometidos contra Deus a não ser o próprio Deus?*

Não é de admirar a violenta reação dos judeus quando o carpinteiro de Nazaré fez essa ousada afirmativa. Afirmar que podia perdoar os pecados foi o exercício surpreendente de uma prerrogativa que pertence tão somente a Deus.

> Podemos perdoar pecados cometidos contra nós, mas ninguém pode perdoar pecados cometidos contra Deus, exceto o próprio Deus. Foi exatamente isso o que Jesus fez.

Outra situação em que Jesus afirmou ser o Filho de Deus foi em seu julgamento (v. Marcos 14:60-64). O tribunal em que Jesus foi julgado contém algumas das referências mais claras à divindade alegada por Jesus (v. Marcos 14:60-62):

MAIS QUE UM CARPINTEIRO

Então, o sumo sacerdote levantou-se no meio de todos e perguntou a Jesus: Não respondes coisa alguma ao que estes depõem contra ti? Ele, porém, permaneceu calado e nada respondeu. E o sumo sacerdote voltou a interrogá-lo, perguntando-lhe: Tu és o Cristo, o Filho do Deus bendito? Jesus respondeu: Eu sou. E vereis o Filho do Homem assentado à direita do Poderoso, vindo com as nuvens do céu.

A princípio, Jesus não respondeu, mas o sumo sacerdote o colocou sob juramento e, então, Jesus teve de responder (e fico feliz por isso). Ele respondeu à pergunta "Tu és o Cristo, o Filho do Deus bendito?" dizendo: "Eu sou".

A referência ao "Filho do homem" que viria com as nuvens do céu foi uma alusão a Daniel 7:13-14:

Eu estava olhando nas minhas visões noturnas e vi que alguém parecido com filho de homem vinha nas nuvens do céu. Ele se dirigiu ao ancião bem idoso e a ele foi levado.

E foi-lhe dado domínio, e a glória, e um reino, para que todos os povos, nações e línguas o servissem; o seu domínio é um domínio eterno, que não passará, e o seu reino é tal que não será destruído.

Apesar do equívoco comum de que "Filho do homem" se referia à humanidade de Jesus, na verdade trata-se de uma referência à sua divindade. Quando Jesus se reportava a si mesmo como "Filho do homem", Ele expunha sua divindade. No livro *Putting Jesus in His Place* [Colocando Jesus em seu lugar], Rob Bowman e Ed Komoszewski explicam como isso se aplica à visão de Daniel:

Na visão de Daniel, a figura como que humana possui todo juízo e autoridade e governa sobre um reino eterno. A ideia de fragilidade e dependência está totalmente ausente. A descrição da figura vindo nas nuvens também o identifica como divino, pois em outros lugares no Antigo Testamento aparecer entre nuvens é imagem usada exclusivamente para figuras divinas.[6]

Assim, quando Jesus mencionou a passagem de Daniel 7:13, estava afirmando ser divino, uma figura celestial que se assentaria à destra de Deus, exercendo suprema autoridade sobre todos os povos por toda a eternidade. Não é de admirar que as autoridades judaicas estivessem perturbadas – Jesus havia blasfemado, dizendo ser Deus! Estava claro que Jesus tinha uma autoconsciência divina.

Uma análise do testemunho de Cristo mostra que Ele dizia ser: (1) o Filho do bendito Deus; (2) aquele que estaria assentado à destra do poder e (3) o Filho do homem, que desceria nas nuvens do céu. Cada uma dessas afirmativas é distintamente messiânica. O efeito cumulativo das três é de alto significado. O Sinédrio – a suprema corte israelita – compreendeu os três pontos, e o sumo sacerdote reagiu rasgando as vestes e dizendo: *Para que precisamos ainda de testemunhas?* (Marcos 14:63). Eles haviam ouvido isso da própria boca de Jesus, que acabou condenado por suas próprias palavras.

Sir Robert Anderson, outrora chefe de investigação criminal da Scotland Yard, destaca:

> Nenhuma prova convence mais do que a de testemunhas hostis, e o fato de que o Senhor reivindicou sua divindade

---

[6] BOWMAN, Robert M.; KOMOSZEWSKI, J. Ed. *Putting Jesus in His Place: The Case for the Deity of Christ*. Grand Rapids, MI: Kregel, 2007, p. 246-247.

é incontestavelmente estabelecido pela ação de seus inimigos. Temos de lembrar que os judeus não eram uma tribo de selvagens ignorantes, mas um povo de alta cultura e intensa religiosidade, e foi por essa acusação que, sem nenhuma voz contrária, a condenação de Cristo à morte foi decretada pelo Sinédrio – seu grande Conselho Nacional, composto pelos mais eminentes líderes religiosos, incluindo homens da estirpe de Gamaliel, o grande filósofo judeu do primeiro século, e seu famoso pupilo Saulo de Tarso.[7]

Fica claro, portanto, que este era o testemunho que Jesus queria sustentar sobre si mesmo. Vemos também que os judeus entenderam que sua resposta confirmava que Ele era Deus. Havia, portanto, duas alternativas: ou as afirmativas de Jesus eram louca blasfêmia, ou Ele era mesmo Deus. Seus juízes viram claramente a questão – com tanta clareza que o crucificaram e então escarneceram

> **O que você pensa?**
>
> *A reação dos líderes judeus às afirmativas de Jesus de alguma forma as reforça? Se você fosse um líder judaico, o que você teria feito?*

dele dizendo: *Confiou em Deus; que Ele o livre agora, se lhe quer bem; porque disse: Sou o Filho de Deus* (Mateus 27:43).

H. B. Swete, ex-professor titular de Divindade na Universidade de Cambridge, explica o significado de o sumo sacerdote ter rasgado as vestes:

---

[7] ANDERSON, Robert. *The Lord from Heaven*. London: James Nisbet, 1910, p. 5.

O QUE TORNA JESUS UMA PESSOA TÃO DIFERENTE?

A Lei proibia ao sumo sacerdote rasgar as vestes quando enfrentava problemas particulares (Levítico 10:6; 21:10), mas, quando fazia papel de juiz, era-lhe requerido expressar desta forma o seu horror a qualquer blasfêmia enunciada em sua presença. Assim se manifesta a evidência do juiz envergonhado. Se provas confiáveis não tinham sugerido, a necessidade delas agora estava superada: o prisioneiro incriminara a si mesmo.[8]

Começamos a perceber que esse não era um tribunal comum. Como ressalta o advogado Irwin Linton,

> Singular entre os tribunais é este em que não as ações, mas a identidade do acusado é a questão. A acusação criminal contra Cristo, a confissão ou testemunho ou, ainda melhor, o ato na presença da corte, pelo qual Ele foi condenado, o interrogatório pelo governador romano e a inscrição e proclamação sobre sua cruz na hora da execução, tudo está relacionado com a pergunta única sobre a verdadeira identidade e dignidade de Cristo: "O que pensas de Cristo? De quem Ele é filho?".[9]

O juiz do Supremo Tribunal Federal de Nova York, William Jay Gaynor, discursando sobre o julgamento de Jesus, assume a posição de que blasfêmia foi a única acusação feita contra Jesus diante do Sinédrio. Referindo-se a João 10:33, o juiz Gaynor declara: "Fica claro, em cada narrativa dos evangelhos, que a alegação criminal contra Jesus pela qual Ele foi

---

[8] SWETE, Henry Barclay. *The Gospel According to St. Mark*. London: Macmillan, 1898, p. 339.

[9] LINTON, Irwin H. *The Sanhedrin Verdict*. New York: Loizeaux Bros., 1943, p. 7.

33

julgado, condenado e executado, era de blasfêmia... Jesus dizia possuir poder sobrenatural, o que, para um ser humano, seria blasfêmia".[10]

Na maioria dos julgamentos, os acusados são julgados por aquilo que se alega terem feito, mas não foi este o caso no julgamento de Jesus. Ele foi julgado por *quem Ele alegou ser.*

O julgamento de Cristo deve bastar como prova convincente de que Ele confessava ser divino. Seus juízes atestam essa afirmativa. Mas, além disso, no dia em que Cristo foi crucificado, seus inimigos reconheceram que Ele afirmara ser Deus encarnado.

> *E os principais sacerdotes, com os escribas e líderes religiosos, também zombavam: Ele salvou os outros e não consegue salvar a si mesmo. Ele é o rei de Israel! Se descer agora da cruz, creremos nele. Confiou em Deus; que Ele o livre agora, se de fato lhe quer bem; porque disse: Sou Filho de Deus* (Mateus 27:42-43).

---

[10] DELAND, Charles Edmund. *The Mis-Trials of Jesus*. Boston: Richard G. Badger, 1914, p. 118-119.

3

Senhor, mentiroso ou lunático?

Hoje em dia, se você procurar o nome Jesus no *Google*, obterá instantaneamente uns 840 milhões de respostas. Pesquise o verbete "Jesus" na livraria virtual *Amazon.com* e você achará 261.474 livros sobre Ele. Dada a incrível diversidade de pontos de vista concorrentes, será que ainda podemos confiar no Jesus histórico? Muitas pessoas querem ver Jesus não como Deus, mas como um bom homem moral, ou como um profeta excepcionalmente sábio que disse muitas verdades profundas. Numerosos acadêmicos consideram essa ideia a única aceitável para pessoas que se utilizam do intelecto. Muita gente concorda com tal disparate, simplesmente acenando com a cabeça sem jamais se preocupar com a falácia desse raciocínio.

Jesus dizia ser Deus e, para Ele, era de importância fundamental que homens e mulheres cressem que Ele realmente era quem dizia ser. Ou cremos nele, ou não cremos. Jesus não deixou espaço para que nos esquivássemos da questão, ficássemos em cima do muro ou acatássemos uma alternativa diluída. Qualquer pessoa que afirmasse o que Jesus dizia sobre si mesmo não poderia ser meramente alguém bom e moral ou um profeta. Essa opção não existe para nós e Jesus jamais pretendeu que nós a tivéssemos.

C. S. Lewis, que foi professor na Universidade de Cambridge e outrora agnóstico, compreendia perfeitamente a questão. Ele escreve:

> "Mas não podemos aparecer com a tolice condescendente de que Ele (Jesus) foi apenas um grande mestre humano. Ele não nos deixou essa possibilidade. Não era a sua intenção." C. S. Lewis

Aqui estou tentando evitar que alguém diga essa verdadeira tolice que muitas vezes as pessoas falam sobre Ele, de que estão prontos para aceitar Jesus como um grande mestre moral, mas não sua alegação de que é Deus. Isso é algo que simplesmente não podemos dizer. Um homem que fosse apenas homem e dissesse a espécie de coisa que Jesus disse não seria um grande mestre moral. Ele seria lunático – no mesmo nível daquele que diz que é um ovo *poché* – ou então, seria o próprio diabo do inferno. Você tem de fazer uma escolha. Este homem era, e é, o Filho de Deus, ou então era louco ou algo ainda pior.

Lewis acrescenta em seguida:

> Você pode tomá-lo como louco, pode cuspir nele e matá-lo como um demônio, ou pode cair a seus pés e chamá-lo de Senhor e Deus. Mas não podemos aparecer com a tolice condescendente de que Ele foi apenas um grande mestre humano. Ele não nos deixou essa possibilidade. Não era a sua intenção.[1]

---

[1] Lewis, C. S. *Mere Christianity*. New York: Macmillan, 1960, p. 40-41.

SENHOR, MENTIROSO OU LUNÁTICO?

Também professor na Universidade de Cambridge, F. J. A. Hort, que passou vinte e oito anos fazendo um estudo crítico do texto do Novo Testamento, escreve:

> As palavras de Cristo foram de tal forma parte e expressão dele mesmo que não possuem significado se tomadas apenas como declarações abstratas da verdade, ditas por Ele na condição de oráculo divino ou profeta. Se Ele for excluído do assunto principal (ainda que não fundamental) de cada uma de suas declarações, todas elas desmoronarão.[2]

Nas palavras de Kenneth Scott Latourette, historiador de cristianismo da Universidade de Yale:

> Não são as palavras que tornam Jesus tão extraordinário, ainda que sejam suficientes para dar-lhe distinção. É a combinação dos ensinos com o próprio homem. As duas coisas não podem ser separadas.

Latourette conclui:

> Deve ser óbvio a qualquer leitor pensante, que estude os documentos do evangelho, que Jesus percebia a si mesmo e a sua mensagem como inseparáveis. Ele era um grande mestre, mas era mais que isso. Seus ensinos sobre o reino de Deus, sobre a conduta humana e sobre o próprio Deus eram importantes, mas não podiam ser divorciados dele mesmo sem que ficassem contaminados.[3]

---

[2] HORT, F. J. A. *Way, Truth and the Life*. New York: Macmillan, 1894, p. 207.
[3] LATOURETTE, Kenneth Scott. *A History of Christianity*. New York: Harper & Row, 1953, p. 44, 48.

Jesus dizia ser Deus. Sua asserção ou era verdadeira, ou era falsa – e todos deveriam demonstrar a mesma consideração que Ele esperou de seus discípulos quando lhes perguntou: *Mas vós, quem dizeis que eu sou?* (Mateus 16:15). Há diversas alternativas. Primeiro, consideremos a possibilidade de que a reivindicação de Jesus quanto à sua divindade fosse falsa. Teríamos apenas duas alternativas: ou Ele sabia que era falsa, ou não sabia. Consideraremos cada uma dessas possibilidades separadamente, examinando as evidências.

SERIA JESUS UM MENTIROSO?

Se, ao reivindicar sua divindade, Jesus soubesse que não era Deus, Ele seria um mentiroso que enganava propositadamente os seus seguidores. Mas, se era mentiroso, era também hipócrita, pois ensinava os outros a serem sinceros a qualquer custo. Pior, se estivesse mentindo, era um demônio, por ensinar às pessoas que deveriam confiar a Ele o seu destino eterno. Se Jesus não podia provar suas afirmativas e estava ciente disso, então seria indescritivelmente mau por enganar seus seguidores com falsas esperanças. Finalmente, seria também um tolo, porque suas declarações de que era Deus o levaram à cruz – declarações que Ele poderia ter desmentido para se salvar até mesmo no último minuto.

> **O que você pensa?**
>
> *Por que você não pode dizer simplesmente que Jesus era um grande mestre moral? Você pode pensar especificamente na "boa moral" que Ele ensinou aos discípulos e pode ser aplicada ainda nos dias atuais?*

Surpreende-me ouvir muitas pessoas afirmando que Jesus era simplesmente um bom mestre moral. Sejamos realistas.

SENHOR, MENTIROSO OU LUNÁTICO?

Como Ele poderia ser um mestre bom e moral se enganasse propositadamente as pessoas na questão mais importante de seu ensino – sua própria identidade? Concluir que Jesus era deliberadamente mentiroso não corresponde ao que sabemos sobre Ele nem aos resultados de sua vida e seus ensinos. Onde quer que Jesus seja proclamado, vemos vidas transformadas para o bem, nações mudando para melhor, ladrões se transformando em pessoas honestas, alcoólatras voltando à sobriedade, pessoas cheias de ódio tornando-se canais de amor, gente injusta abraçando a justiça.

William Lecky, um dos mais notáveis historiadores da Grã-Bretanha e feroz oponente do cristianismo organizado, reconheceu o efeito do verdadeiro cristianismo sobre o mundo. Ele escreve:

> Foi reservado ao cristianismo apresentar ao mundo um ideal que, durante os dezoito séculos de transformação, tem inspirado o coração dos homens com amor apaixonado, mostrando-se capaz de agir sobre todas as eras, nações, todo temperamento e todas as condições. Não tem sido apenas o mais alto padrão de virtude como também o mais forte incentivo à sua prática... O simples relato daqueles três curtos anos de vida ativa fez mais para regenerar e suavizar a humanidade que todas as inquietudes dos filósofos e todas as exortações dos moralistas.[4]

Diz o historiador Philip Schaff:

---

[4] LECKY, William E. *History of European Morals from Augustus to Charlemagne*. New York: D. Appleton, 1903, 2:8-9.

MAIS QUE UM CARPINTEIRO

Este testemunho [de que Jesus era Deus], se não for verdadeiro, deve ser claramente blasfêmia ou loucura... O autoengano numa questão de tamanha dimensão, com um intelecto em todas as coisas tão claro e audível, está igualmente fora de cogitação. Como poderia Ele [Jesus] ser um entusiasta ou um louco se jamais perdeu o equilíbrio da mente, que pairou serenamente sobre todos os problemas e perseguições como o sol acima das nuvens, se sempre dava a resposta mais sábia às perguntas tentadoras, se calma e deliberadamente predisse sua morte sobre a cruz, sua ressurreição no terceiro dia, o derramar do Espírito Santo, a fundação de sua Igreja, a destruição de Jerusalém – predições que foram cumpridas literalmente? Um caráter, uma personalidade tão completa, tão uniformemente coerente e perfeita, tão humana, no entanto, tão acima de toda grandeza humana, não poderia ser fraude nem ficção. Como disse bem o poeta, neste caso seria maior do que o herói. Seria necessário mais que um Jesus para inventar um Jesus.[5]

Em outra ocasião, Schaff faz uma convincente defesa contra a alegação de que Cristo era um mentiroso:

Como, em nome da lógica, do bom senso e da experiência, poderia um impostor – ou seja, um homem enganador, egoísta, depravado – ter inventado e mantido consistentemente, do começo ao fim, o caráter mais puro e nobre conhecido na história, com o mais perfeito ar da verdade e realidade? Como poderia ter Ele concebido e desempenhado um plano

---

[5] SCHAFF, Philip. *History of the Christian Church*. Grand Rapids, MI: Eerdmans. 1962, p. 109.

de beneficência sem paralelos, magnitude moral e sublimidade, sacrificando a sua própria vida por isso, em face dos mais fortes preconceitos de seu povo e de sua época?[6]

Se Jesus quisesse fazer que as pessoas o seguissem e cressem nele como Deus, por que se dirigiria à nação judaica? Por que teria vivido como carpinteiro comum, em um vilarejo sem destaque, numa terra de tão pequena extensão e população? Por que iria a um país que aderia tão fortemente ao conceito de um único Deus? Por que não iria ao Egito, ou mesmo à Grécia, que já acreditavam em diversos deuses e diferentes manifestações divinas?

Alguém que viveu como Jesus viveu, ensinou como Jesus ensinou e morreu como Jesus morreu não poderia ser mentiroso. Vejamos outra opção.

SERIA JESUS UM LUNÁTICO?

Se acharmos inconcebível que Jesus fosse um mentiroso, será que Ele não poderia ter erroneamente acreditado ser Deus? Afinal de contas, é possível alguém ser sincero e ao mesmo tempo estar errado. No entanto, devemos lembrar que, para alguém achar enganosamente que é Deus, especialmente no contexto de uma cultura fortemente monoteísta, e dizer às pessoas que o destino eterno dependia de crerem nele, isso não se trataria de um pequeno desvio delas de imaginação, mas das ilusões e dos desvarios de um completo lunático. É possível que Jesus Cristo fosse um demente?

---

[6] SCHAFF, Philip. *The Person of Christ*. New York: American Tract Society, 1913, p. 94-95.

Hoje, trataríamos alguém que se considerasse Deus do mesmo jeito que tratamos alguém que acha que é Napoleão. Veríamos essa pessoa como um desvairado autoenganado. Internaríamos essa pessoa para que ela não ferisse a si mesma ou outras pessoas. Mas, em Jesus, não observamos as anormalidades e o desequilíbrio que acompanham tal diagnóstico. Se Jesus era insano, seu equilíbrio e sua compostura seriam nada menos que incríveis.

> **O que você pensa?**
>
> *Por que você acha que Jesus levou a sua mensagem à nação judaica? Haveria alguma vantagem em ter sido um carpinteiro antes de iniciar o seu ministério?*

Os eminentes pioneiros psiquiátricos Arthur Noyes e Lawrence Kolb, em seu texto *Modern Clinical Psychiatry* [Psiquiatria clínica moderna], descrevem o esquizofrênico como alguém que é mais autista do que realista. O esquizofrênico procura escapar do mundo real. Admitamos – se alguém meramente humano afirmasse que era Deus, certamente estaria fugindo da realidade.

À luz de outros fatores que conhecemos a respeito de Jesus, é difícil imaginar que Ele fosse mentalmente perturbado. Temos aqui um homem que disse algumas das palavras mais profundas já documentadas. As suas instruções libertaram muitas pessoas de prisões mentais. Clark H. Pinnock, professor emérito de Teologia Sistemática do Seminário Teológico McMaster, pergunta:

> Seria Jesus um iludido quanto à própria grandeza, um paranoico, um enganador involuntário, um esquizofrênico? A habilidade e a profundidade de seu ensino somente apoiam

SENHOR, MENTIROSO OU LUNÁTICO?

a proposta de total sanidade mental. Quem dera fôssemos sãos como Ele"![7]

Um estudante de uma universidade na Califórnia comentou que seu professor de psicologia afirmou em classe: "para muitos de meus pacientes, só preciso pegar a Bíblia e ler porções do ensino de Cristo. É todo o conselho de que precisam"! O psicólogo Gary Collins explica:

Jesus era amoroso, mas não permitia que sua compaixão o imobilizasse; não possuía um ego inflado, mesmo que muitas vezes estivesse cercado de multidões que o adoravam; mantinha o equilíbrio, apesar de ter um estilo de vida extremamente exigente; sempre sabia o que estava fazendo e para onde ia; importava-se profundamente com as pessoas, incluindo mulheres e crianças, que naquele tempo não eram vistas como importantes; era capaz de aceitar as pessoas mesmo conhecendo seus pecados; respondia aos indivíduos de acordo com a situação na qual eles se encontravam e aquilo de que necessitavam. Em suma, não vejo sinal algum de que Jesus sofresse de alguma doença mental conhecida... Ele era muito mais saudável do que qualquer outra pessoa que eu conheça, incluindo eu mesmo![8]

> **O que você pensa?**
> *Você percebe algo no comportamento de Jesus (a não ser no fato de Ele afirmar ser Deus) que sugira que Ele fosse desequilibrado? Se você vivesse naquela época, teria vontade de ouvi-lo?*

---

[7] PINNOCK, Clark H. *Set Forth Your Case*. Nutley, NJ: Craig Press, 1967, p. 62.
[8] COLLINS, Gary R. citado em STROBEL, Lee. *The Case for Christ*. Grand Rapids, MI: Zondervan, 1998, p. 147.

MAIS QUE UM CARPINTEIRO

O psiquiatra J. T. Fisher sentia a profundidade dos ensinos de Jesus:

Se pudéssemos somar todos os artigos relevantes escritos pelos mais eminentes psicólogos e psiquiatras sobre o assunto de saúde mental – e, se pudéssemos combinar, resumir e eliminar todo o palavreado excessivo – se pegássemos toda a carne e eliminássemos a salsinha, ficando apenas com pedaços de puro conhecimento científico, não adulterados, expressos concisamente pelo mais capaz entre os poetas vivos, restaria apenas um resumo desajeitado e incompleto do Sermão do Monte, e que sofreria muito na comparação. Há quase dois mil anos o mundo cristão tem em mãos a resposta completa aos seus anseios inquietos e infrutíferos. Aqui... está o projeto para a vida humana bem-sucedida, com otimismo, saúde mental e contentamento.[9]

C. S. Lewis escreve:

É grande a dificuldade histórica de dar qualquer explicação que não seja mais difícil do que a explicação cristã para a vida, as palavras e a influência de Jesus. A discrepância entre a profundidade e a sanidade de seu ensino moral e a megalomania reinante que deve estar por trás de seu ensino teológico, a menos que Ele seja realmente Deus, nunca foi explicada satisfatoriamente. Daí que as hipóteses não cristãs se sucedem com a inquietante fertilidade do espanto.[10]

[9] FISHER, James T.; HAWLEY, Lowell S. *A Few Buttons Missing*. Philadelphia: Lippincott, 1951, p. 273.
[10] LEWIS, C. S. *Miracles: A Preliminary Study*. New York: Macmillan, 1947, p. 113.

Philip Schaff raciocina:

> Será que um intelecto como este – claro como o céu, estimulante como o ar das montanhas, afiado e penetrante como uma espada, completamente vigoroso e saudável, sempre pronto e totalmente contido – poderia ser propenso a uma ilusão seriíssima sobre seu próprio caráter e sua missão? Absurda imaginação![11]

> Se alguém que fosse meramente humano afirmasse que era Deus, certamente estaria fugindo da realidade.

SERIA JESUS O SENHOR?

Pessoalmente, não consigo concluir que Jesus tenha sido um mentiroso ou um lunático. A única alternativa é que Ele era – e é – o Cristo, Filho de Deus, conforme Ele mesmo dizia. Mas, apesar da lógica e das evidências, muitas pessoas parecem incapazes de chegar a essa conclusão.

Em *O Código Da Vinci*, Dan Brown afirma: "Ao endossar Jesus oficialmente como Filho de Deus, Constantino o transformou em uma divindade existente fora do escopo do mundo humano, ente cujo poder não podia ser desafiado".[12] O romancista Dan Brown quer que as pessoas acreditem que a divindade de Cristo foi inventada no Concílio de Niceia. Embora debatido de modo proeminente pela cultura popular, tal "fato" foi rejeitado

O que você pensa?
Por que você acha que tantos psicólogos veem Jesus como modelo de saúde mental? Por que Ele era tão alegre?

---

[11] SCHAFF, *The Person of Christ*, p. 97.
[12] BROWN, Dan. *The Da Vinci Code*. New York: Doubleday, 2003, p. 233.

por mais de 99,9% dos estudiosos bíblicos que pesquisam a história documentada. Eis as razões:

O Novo Testamento oferece as provas mais antigas da crença de que Jesus é divino (v. capítulo 2). Como foram compostos no primeiro século, poucas décadas após os eventos envolvendo Jesus, tais documentos antecedem o Concílio de Niceia em mais de dois séculos. Ainda que tenham sido escritos por pessoas diferentes, com uma variedade de propósitos, um tema inequívoco que compartilham é que Cristo é Deus. Muito antes do Concílio de Niceia (em 325 d.C.), os pais antenicenos apoiavam a ideia de que Jesus era divino. Esses pais eram pensadores cristãos dos tempos antigos que viveram após o período do Novo Testamento (cerca de 100 d.C.) e antes do Concílio de Niceia. Incluídos entre os pais antenicenos estão nomes como Justino o Mártir, Inácio e Irineu. Não há dúvida de que eles reconheciam a divindade de Jesus. Consideremos algumas citações de suas antigas obras:

Inácio de Antioquia (110 d.C.): "Deus encarnado... o próprio Deus surgido em forma de homem".[13]

Justino o Mártir (100-165 d.C.): "... sendo Ele o primogênito Verbo de Deus, sendo Ele mesmo Deus".[14]

Irineu (177 d.C.): "... o Pai é Deus e o Filho é Deus, pois aquele que é nascido de Deus é Deus".[15]

---

[13] KLIEST, James A. *The Epistles of St. Clement of Rome and St. Ignatius of Antioch*, "To the Ephesians". Ramsey, NJ: Paulist Press, 1978.
[14] ROBERTS, Alexander. *First Apology, The Ante-Nicene Fathers, vol. 1*. Grand Rapids: Eerdmans, 1993, p. 184.
[15] SMITH, Joseph P. *St Irenaeus: Proof of the Apostolic Preaching*. Ramsey, NJ: Paulist Press, 1978, cap. 47.

Melito de Sardes (cerca de 177 d.C.): "Ele era homem, no entanto, Ele é Deus".

Provavelmente a evidência mais convincente de que Jesus era considerado divino bem antes de Niceia vem dos escritores não cristãos. O satirista grego Luciano de Samosata (cerca de 170 d.C.), o filósofo romano Celso (cerca de 177 d.C.) e o governador romano Plínio, o Jovem (cerca de 112 d.C.) deixaram claro que os primeiros cristãos entendiam Cristo como divino. Plínio perseguiu os cristãos por sua crença de que Jesus era Deus. Disse Plínio: "Eles se reuniam regularmente antes da madrugada em dia fixo para entoar versos em honra a Cristo como se Ele fosse um deus".[16]

> Pessoalmente, não consigo concluir que Jesus fosse um mentiroso ou um lunático. A única outra opção é que Ele era – e continua sendo – o Cristo, o Filho de Deus.

Dados esses fatos, além de muitos outros, os autores de *Reinventing Jesus* [Reinventando Jesus] concluem: "Sugerir que Constantino tivesse a capacidade – ou mesmo a inclinação – de manipular o Concílio para que cresse naquilo que ainda não tinha assumido é, no mínimo, uma tolice".[17] As provas são claras: Jesus era considerado divino muito antes da realização do Concílio de Niceia.

É bastante interessante a resposta da maioria das pessoas judias ou maometanas com as quais discuto o material deste capítulo. Compartilho com elas as reivindicações que Jesus

---

[16] PLINY, *Letters and Panegyricus,* trad. Betty Radice, Loeb Classical Library. Cambridge, MA: Harvard University Press, 1969, 10.96 (2:289).

[17] KOMOSZEWSKI, J. Ed; SAWYER, M. James; WALLACE, Daniel B. *Reinventing Jesus.* Grand Rapids, MI: Kregel, 2006, p. 215.

fez sobre si mesmo e apresento-lhes as três opções: estaria Ele incluído no tríplice dilema (mentiroso, lunático ou Senhor)? Quando pergunto se elas creem que Jesus era mentiroso, ouço um brusco "não!". Pergunto então: Jesus era lunático? A resposta é: "Claro que não". Pergunto então: "Então você crê que Ele era Deus?". Antes que eu consiga dizer qualquer coisa, elas retrucam com um retumbante: "Absolutamente não!" No entanto, não existe outra opção.

A questão relacionada a essas três alternativas não é qual delas seria possível, porque obviamente as três são. A questão é: qual dessas possibilidades é a mais provável? Não se pode rotular Jesus como apenas um grande mestre moral ou profeta. Essa não é uma opção válida. Ou Ele é um mentiroso, ou é um louco, ou é Senhor e Deus. Você tem de escolher. Sua decisão a respeito de Jesus representa muito mais do que um insignificante exercício intelectual.

> **O que você pensa?**
> *Se as evidências para a divindade de Jesus são tão claras, por que você acha que tantas pessoas ainda o rejeitam?*

Como escreveu o apóstolo João: *Estes, porém, foram registrados para que possais crer que Jesus é o Cristo, o Filho de Deus, e para que, crendo, tenhais vida em seu nome* (João 20:31).

As provas estão claramente favoráveis a ser Jesus o Senhor.

4

O que dizer a respeito da ciência?

Muitas pessoas tentam descartar o compromisso pessoal com Cristo presumindo que, se não puderem provar cientificamente alguma coisa, ela não é verdadeira. Como não se podem provar cientificamente a divindade de Jesus ou a sua ressurreição, pessoas sofisticadas do século 21 acham que não podem aceitá-lo como Salvador.

> **O que você pensa?**
>
> *Além de fatos históricos, existem outras coisas que sabemos ser verdadeiras, mas que não são cientificamente provadas? Nesse caso, quais seriam?*

Com frequência, em aulas de filosofia ou história, alguém me confronta com o desafio: "Você pode provar isso cientificamente?"

Geralmente respondo: "Não sou cientista". Ouço então risadinhas na sala de aula e várias vozes dizendo: "Então não me fale sobre isso" ou "Está vendo? Você tem de aceitar tudo pela fé" (querendo dizer "fé cega").

Certa vez, em um voo para Boston, eu conversava com o passageiro ao meu lado sobre a razão pela qual creio pessoalmente que Cristo é quem Ele disse ser. O piloto, que cumprimentava

MAIS QUE UM CARPINTEIRO

os passageiros em sua ronda de relações públicas, ouviu parte da conversa, e disse: – Você tem um problema com sua fé.

– Qual é? – perguntei.

– Não pode prová-la cientificamente.

Eu me surpreendo com a incoerência à qual o pensamento moderno se rebaixou.

Este piloto, como tantos deste século, acredita que, se alguma coisa não pode ser comprovada cientificamente, não pode ser verdade. Todo mundo aceita como verdadeiros muitos fatos que não podem ser verificados pelo método científico. Nada a respeito de pessoas ou eventos na História pode ser provado cientificamente, mas isso não quer dizer que seja impossível encontrar provas. Temos de entender a diferença entre provas científicas e aquilo que chamo de provas histórico-legais. Deixe-me explicar melhor.

> Muitas pessoas acreditam que, se alguma coisa não pode ser comprovada cientificamente, ela não pode ser verdade.

A *prova científica* se baseia na demonstração de algo, pela repetição de um evento na presença da pessoa que questionou o fato. É realizada em ambiente controlado, onde é possível fazer observações, documentar dados e verificar empiricamente as hipóteses.

O "método científico, como quer que se defina, está relacionado à medição de fenômenos e experimentação ou observação repetida".[1] O dr. James B. Conant, ex-presidente da universidade de Harvard, escreve:

---

[1] *The New Encyclopaedia Britannica: Micropaedia*, 15. ed., confira o verbete "Scientific method".

O QUE DIZER A RESPEITO DA CIÊNCIA?

A ciência é uma série de conceitos e esquemas conceituais interligados que se desenvolveram como resultado de experimentação e observação, e frutificam com mais extensa experimentação e observação.[2]

Testar a verdade de uma hipótese pelo uso de experimentos controlados é uma das principais técnicas do método científico moderno. Por exemplo, alguém afirma que o sabonete *Ivory* não flutua.[3] Eu afirmo que flutua, e para provar minha afirmação, levo o objeto em questão para a cozinha, encho a pia com quinze centímetros de água, a 39 graus, e deixo o sabonete cair na água. Tchibum! Fazemos observações, analisamos os dados e verificamos empiricamente a minha hipótese: o sabonete Ivory realmente flutua.

> Se o método científico fosse o único meio de provar fatos, você não poderia provar que almoçou hoje. Não há como repetir esse evento dentro de um ambiente controlado.

Se o método científico fosse o único meio de provar os fatos, você não poderia provar que assistiu à TV ontem à noite ou que almoçou hoje. Não há como repetir esses eventos dentro de um ambiente controlado.

O outro método de comprovação é a prova *histórico-legal*, que se baseia em demonstrar que algo é fato, sem deixar qualquer sombra de dúvida. Em outras palavras, chegamos a um veredicto pelo peso das evidências e, que não nos deixa

---

[2] CONANT, James B. *Science and Common Sense*. New Haven, CT: Yale University Press, 1951, p. 25.

[3] [Nota da Revisão]: Sabonete produzido nos Estados Unidos cuja propaganda se baseava no fato de que, tão leve, o objeto flutuava sobre a água.

base racional para duvidar da decisão. A prova histórico-legal depende de três tipos de testemunho: testemunho oral, testemunho escrito e exibição de objetos comprovantes (tais como uma arma, uma bala ou um caderno de anotações). O uso do método histórico-legal para determinar os fatos possibilita a comprovação, sem sombra de dúvida de que você almoçou hoje. Os seus amigos o viram, o garçom se lembra de tê-lo visto e você tem o recibo de pagamento do restaurante.

> **O que você pensa?**
>
> *Quais as vantagens de usar o método científico para "provar" alguma coisa? E as desvantagens? Quais as vantagens de usar o método histórico-legar de provas? Você utiliza um desses dois métodos com maior frequência?*

O método científico só pode ser empregado para provar coisas passíveis de repetição. Não é adequado para provar ou desaprovar questões relacionadas a pessoas ou eventos na história. O método científico não é apropriado para responder a questões como:

– Será que Getúlio Vargas realmente existiu?

– Martin Luther King Jr. foi mesmo um líder do movimento de direitos civis norte-americano?

– Quem foi Jesus de Nazaré?

– O Brasil ganhou mesmo 5 Copas do Mundo?

– Jesus Cristo realmente ressuscitou dos mortos?

Tais questões estão fora da alçada das provas científicas, e temos de posicioná-las no âmbito das provas histórico-legais. Em outras palavras, o método científico – baseado em observação, coleta de dados, hipóteses, dedução e verificação experiencial para encontrar e explicar regularidades empíricas na natureza – não pode desvendar as respostas finais a questões

O QUE DIZER A RESPEITO DA CIÊNCIA?

como: podemos provar a ressurreição de Cristo? A ciência está em guerra contra a religião? A ciência consegue contestar a existência de Deus? No capítulo seguinte, meu filho Sean examina o que dizem os chamados "novos ateus" – que acreditam exatamente nisso.

5

O desafio do novo ateísmo

Enquanto eu (Sean) estava sentado na cafeteria local tomando meu *milkshake* de baunilha gelado, vi, do outro lado da sala, uma jovem lendo um livro de título muito provocativo. As letras prateadas saltavam do fundo amarelo-brilhante: *Deus não é grande: como a religião envenena todas as coisas*, de Christopher Hitchens. Intrigado pelo título ousado, resolvi perguntar-lhe a respeito do livro. Ela passou a fazer um longo e entusiasmado discurso sobre como a religião se tornou a maior força do mal na história do mundo, como a ciência tem desacreditado qualquer base de fé racional, e como as pessoas podem ser boas sem crer na existência de Deus.

Será que aquela jovem estava certa? A religião seria mesmo a ruína da existência humana? Teria a ciência, de alguma forma, comprovado a inexistência de Deus? O mundo seria melhor se todos abraçassem o ateísmo?

Com certeza o ateísmo não é novidade. Cerca de mil anos antes da vinda de Cristo, o rei Davi descreveu uma pessoa que dizia no coração: *Deus não existe* (Salmos 14:1). Sempre houve gente que negasse a existência de Deus, e provavelmente

O DESAFIO DO NOVO ATEÍSMO

sempre haverá. No entanto, embora os ateus sejam muitas vezes eloquentes quanto às suas crenças, sua influência na cultura popular tem sido mínima. Até agora. Recentemente, um grupo de ateus bem articulados, entusiasmados e militantes explodiu no cenário público. Conseguiram recrutar uma audiência sem precedentes na história do ateísmo. Em pouco mais de um ano, três de seus livros chegaram às prateleiras das livrarias. Sam Harris começou o ataque com *Cartas a uma nação cristã*,[1] seguido por *Deus, um delírio*,[2] de Richard Dawkins. Finalmente, surgiu *Deus não é grande*,[3] de Christopher Hitchens. Os três livros experimentaram vendas explosivas, passando meses (e não semanas) em múltiplas listas dos *best-sellers*. Por exemplo, a edição americana de *Deus não é grande* debutou como número um na lista de não ficção do *New York Times* um mês depois do lançamento. Na sétima semana de sua edição, quase 300 mil exemplares tinham sido impressos.

A influência desses chamados "novos ateus" tem chegado muito além do mundo das publicações. Eles escrevem artigos, fazem palestras em *campi* universitários, participam de debates, são entrevistados em rádio e TV e postam inúmeros vídeos na *YouTube*. Confundem pessoas na busca pela fé e abalam os fundamentos de muitos crentes.

Pesquisas recentes indicam que muitos norte-americanos se identificam como ateus ou agnósticos. O alvo dos *novos ateus* é simples: erradicar quaisquer bases racionais para a fé

---

[1] São Paulo: Companhia das Letras, 2007.
[2] São Paulo: Companhia das Letras, 2007.
[3] Rio de Janeiro: Ediouro, 2007.

religiosa e convencer teístas a se afastarem de sua fé. Será que eles estão fazendo algo novo? Teriam descoberto alguma evidência nova que desacredite a Deus? O que torna esse novo ateísmo tão *novo*?

A MESMA VELHA HISTÓRIA DE SEMPRE

O renomado jornalista britânico Malcolm Muggeridge disse, certa vez, que qualquer notícia nada mais é do que gente nova experimentando coisas velhas. Pode *parecer* que as notícias são novas, mas isso não quer dizer que realmente o *sejam*. No que diz respeito ao novo ateísmo, não há novas descobertas na ciência, filosofia ou história que solapem o cristianismo. A maioria dos argumentos utilizados são reciclagens do pensamento de antigos pensadores ateus como Friedrich Nietzche, Sigmund Freud, Karl Marx e Bertrand Russell. No entanto, há algumas poucas características que tornam o novo ateísmo singular.

> **O que você pensa?**
> *Por que você acha que os "novos ateus" têm, recentemente, conseguido tantos novos adeptos?*

Primeiro, o novo ateísmo é menos custoso. Os ateus do passado estavam cientes das consequências de negar a Deus. Sabiam que, sem Deus, habitamos um universo frio, escuro, sem sentido. Muitos dos antigos ateus lamentavam a morte de Deus porque reconheciam que isso debilitava insidiosamente os fundamentos da cultura ocidental. O existencialista Albert Camus admitiu que a morte de Deus significaria perda de propósito, alegria e tudo o que torna a vida valiosa.

Em contraste, os novos ateus na verdade comemoram a morte de Deus. Acham que a vida pode continuar normalmente

O DESAFIO DO NOVO ATEÍSMO

(e até melhorar) se simplesmente abolirmos a religião. Esse ateísmo "suave", diz o professor John Haught, da Universidade de Georgetown, não leva o ateísmo a sério:

> Os novos ateus de moderados presumem que, por meio do darwinismo, podemos simplesmente descartar Deus, como se fosse Papai Noel, sem que isto nos leve a testemunhar o colapso completo da cultura ocidental – incluindo o senso do que é racional e moral. Pelo menos os ateus de espinha dorsal firme entendiam que, se formos realmente sinceros no ateísmo, toda a teia de significados e valores que circunda a ideia de Deus na cultura do Ocidente tem de ir por água abaixo junto com seu centro organizador.[4]

Segundo, diferentemente das formas mais antigas de ateísmo, os novos ateus não toleram a fé religiosa. Para eles, a religião não somente é fabricada por seres humanos, como envenena todas as coisas e, portanto, deve ser eliminada. Em sua *Carta a uma nação cristã*, Sam Harris diz que "o respeito que a direita religiosa exige para com suas

> Muitos dos antigos ateus lamentavam a morte de Deus. Os novos ateus na verdade comemoram a morte de Deus.

próprias crenças abriga os extremistas de todas as religiões".[5] Conquanto Harris admita que liberais e moderados não lançam aviões em prédios, ele crê que sua tolerância dá suporte a

---

[4] HAUGHT, John F. *God and the New Atheism*. Louisville, KY: Westminster John Knox Press, 2008, p. 22.
[5] HARRIS, Sam. *Letter to a Christian Nation*. New York: Vintage Books, 2006, p. ix.

essa espécie de extremismo. Portanto, deve ser extirpada. Se os novos ateus conseguirem o que querem, a liberdade religiosa será uma relíquia do passado.

Terceiro, os novos ateus reservam seus ataques mais venenosos ao cristianismo. Embora critiquem o budismo, o islamismo, o mormonismo e outras religiões, seu alvo principal é, sem dúvida, o Deus da Bíblia. Richard Dawkins reconhece: "A não ser quando declaro explicitamente outra religião, tenho em mente principalmente o cristianismo".[6]

Se você tiver lido qualquer desses novos ateus, é importante recordar as palavras do rei Salomão: *O que começa o pleito parece justo, até que vem o outro e o examina* (Provérbios 18:17). Em outras palavras, quando se ouve só um lado de uma questão, as evidências parecem convincentes. No entanto, quando se ouve a história toda, muitas vezes o caso inicial desmorona por completo. Os novos ateus parecem convincentes – até que se escuta o outro lado. Temos aqui o outro lado.

SERÁ QUE O ATEÍSMO É MAIS LÓGICO?

Os novos ateus acreditam firmemente que possuem a superioridade racional. Conforme afirma Hitchens, a religião se baseia "somente na fé", enquanto o ateísmo não exige compromisso de fé, por depender principalmente da evidência empírica da ciência.[7]

Examinaremos a questão no que diz respeito à qual teoria – o ateísmo ou o teísmo – explica melhor os dados científicos.

---

[6] DAWKINS, Richard. *The God Delusion*, 2. ed., com prefácio. New York: Mariner Books, 2008, p. 58.

[7] HITCHENS, Christopher. *God Is Not Great: How Religion Poisons Everything*. New York: Twelve, 2007, p. 122, 5.

O DESAFIO DO NOVO ATEÍSMO

Contudo, para início de conversa, precisamos considerar uma questão mais básica: por que o mundo natural faz algum sentido? Certa vez Einstein comentou que a coisa mais incompreensível sobre o mundo é que ele pode ser compreendido.

Einstein entendia uma verdade básica sobre a ciência, ou seja, que ela repousa sobre premissas filosóficas quanto ao mundo natural. Essas suposições incluem a existência de um mundo externo real ordenado e passível de ser conhecido, e a confiabilidade de nossa mente ao abarcar esse mundo. A ciência não pode avançar sem tais pressupostos.

Mas isso levanta um dilema essencialmente espinhoso para o ateu: se a mente foi desenvolvida através do processo cego e materialista da evolução darwinista, então por que deveríamos confiar nesse processo? Por que deveríamos crer que um cérebro humano – resultante de um processo acidental – nos ajuda a entender a realidade? A ciência não pode ser usada como resposta a essa pergunta, porque a própria ciência depende dessa pressuposição.

> Certa vez Einstein comentou que a coisa mais incompreensível sobre o mundo é que ele pode ser compreendido.

Mesmo Charles Darwin tinha consciência desse problema:

> Sempre surge a horrível dúvida quanto à possibilidade de as convicções da mente de um homem, tendo sido desenvolvidas da mente de animais inferiores, não terem valor ou confiabilidade. Alguém confiaria na convicção de uma mente de macaco, se houvesse em tal mente alguma convicção?[8]

---

[8] De uma carta a W. Graham (3 de julho de 1881) citada em *The Autobiography of Charles Darwin and Selected Letters,* 1892; reimpressão, New York: Dover, 1958.

59

MAIS QUE UM CARPINTEIRO

Os novos ateus depositam enorme confiança em seus próprios poderes de raciocínio, mas sua cosmovisão ateísta solapa qualquer base para tal confiança.

> Se a evolução darwiniana for verdadeira, devemos desconfiar das nossas faculdades cognitivas, porque elas seriam resultado de um processo desgovernado e irracional.

De fato, se a evolução darwinista for verdadeira, deveríamos desconfiar das nossas faculdades cognitivas, pois elas seriam resultado de um processo desgovernado e irracional.

Paul Davies, físico ganhador do prêmio Templeton,[9] disse:

> A ciência se baseia na pressuposição de que o universo é totalmente lógico e racional em todos os níveis. Os ateus dizem que as leis da natureza existem sem nenhuma razão e que o universo é, em última instância, absurdo. Como cientista, tenho dificuldade em aceitar tal ideia. Deve haver uma base racional imutável na qual se baseia a natureza lógica e ordenada do universo.[10]

O ateísmo não oferece essa base racional. Na verdade, o ateísmo a destrói. Mas o teísmo oferece tal fundamentação. Não se trata simplesmente de que a racionalidade do universo combina

---

[9] [Nota da Revisão] O Templeton Prize, estabelecido em 1972 por John Templeton, laureia os chamados "empreendedores do espírito", pessoas que tenham feito contribuições excepcionais para afirmar a dimensão espiritual da vida humana, independentemente de filiação religiosa ou ideológica. Paul Davies foi agraciado em 1995.

[10] DAVIES, Paul. "What Happened Before the Big Bang?" in: *God for the 21st Century*, org. por STANNARD, Russell. Philadelphia: Templeton Foundation Press, 2000, p. 12.

O DESAFIO DO NOVO ATEÍSMO

melhor com o teísmo. O nível de conexão vai mais fundo. Um mundo racional é o que esperaríamos caso Deus exista.

A CIÊNCIA ESTÁ EM GUERRA CONTRA A RELIGIÃO?

Há séculos, a ciência tem estado em guerra contra a religião. Pelo menos é o que os novos ateus querem que você pense. Embora seja amplamente aceita, a crença de que a religião impede o desenvolvimento científico é um mito.[11] Na verdade, foi a cosmovisão cristã – com sua insistência na ordem existente no universo, sua ênfase na razão humana e seu ensino de que Deus é glorificado quando compreendemos a sua criação – que lançou o fundamento para a revolução científica moderna.

> **O que você pensa?**
> *Por que esperaríamos que o universo seja racional caso Deus exista? Como o ateísmo mina as bases da racionalidade?*

A maioria dos primeiros cientistas foram compelidos a estudar o mundo natural devido à visão cristã que tinham do mundo. Em *Science and the Modern World* [A ciência e o mundo moderno], o matemático e filósofo britânico Alfred North Whitehead conclui que a ciência moderna se desenvolveu primariamente a partir da "insistência medieval na racionalidade de Deus".[13]

A ciência moderna não se desenvolveu em um vácuo, mas a partir de forças impulsionadas principalmente pelo cristianismo. Não é de surpreender que a maioria dos primeiros

---

[11] LENNOX, John C. *God's Undertaker: Has Science Buried God?* Oxford, England: Lion Hudson, 2007, p. 22-25.

[13] WHITEHEAD, Alfred North. *Science and the Modern World.* New York: The Macmillan Company, 1925, p. 17. Edição brasileira: *A ciência e o mundo moderno.* São Paulo: Paulus, 2006.

MAIS QUE UM CARPINTEIRO

cientistas fosse teísta, incluindo pioneiros como Francis Bacon (1561-1626), Johannes Kepler (1571-1630), Blaise Pascal (1623-1662), Robert Boyle (1627-1691), Isaac Newton (1642-1727) e Louis Pasteur (1822-1895). Para muitos deles, a crença em Deus era o principal motivador de sua investigação do mundo natural. Bacon acreditava que o mundo natural estava prenhe de mistérios que Deus intentava que nós examinássemos. Kepler descreveu sua motivação pela ciência: "O alvo principal de toda investigação do mundo externo deve ser a descoberta da ordem e da harmonia racional que lhe foram impostas por Deus e que Ele nos revelou na linguagem da matemática".[14]

Hitchens descarta as convicções religiosas desses pioneiros da ciência, argumentando que não havia alternativa para o intelectual daquela época.[15] Contudo, isso coloca Hitchens em uma posição curiosa. Se os crentes religiosos não recebem crédito pelas contribuições positivas que fizeram à sociedade (ou seja, pela formação da ciência moderna) uma vez que "todo mundo era religioso", então, como podem culpar os crentes religiosos pelas atrocidades realizadas em nome de Deus? Isso é claramente um padrão de dois pesos, duas medidas. Os novos ateus negam qualquer valor aos que possuíam fé religiosa, ao mesmo tempo em que os culpam por tudo. Dizer que a religião "envenena todas as coisas" faz Hitchins descartar toda a evidência contrária. E ele tem prazer nisso.

O ATEÍSMO É MAIS CIENTÍFICO?

A confiança dos novos ateus repousa sobre um fator central: eles acham que a ciência está do lado deles. Sam Harris declara:

[14] Citado por LENNOX, John C. *God's Undertaker*, p. 20.
[15] HITCHENS, *God Is Not Great*, p. 63-67.

"A crença em um Deus da Bíblia não encontra sustentação em nosso crescente entendimento do mundo".[16] E, de acordo com Hitchens, quanto mais a ciência se desenvolve, menos espaço sobra para Deus.[17] Mas seria essa a história toda? Embora os novos ateus desejem que acreditemos que Deus possa apenas ser inferido das "lacunas" em nosso conhecimento científico, na realidade a evidência científica do *design* inteligente tem aumentado nos últimos anos.[18] Na verdade, um dos ateus mais influentes das últimas cinco décadas – Antony Flew – recentemente mudou de ideia a respeito de Deus, exatamente por essa razão.

Conquanto outros ateus possam ser mais facilmente reconhecidos, o impacto de Flew não tem paralelo. Ele fez famoso discurso "Teologia e Falsificação" no Clube Socrático em Oxford, então presidido por C. S. Lewis. Acabou sendo o artigo filosófico mais amplamente reimpresso durante cinco décadas. Seus muitos livros e discursos delinearam a agenda do ateísmo moderno.

Mas em 2004 Flew fez um anúncio chocante: Deus certamente existe. Flew agora acredita que a melhor explanação para o mundo está em alguma espécie de divindade. O que o fez mudar de ideia? "A resposta", escreve Flew, "é o retrato do mundo que, a meu ver, surgiu da ciência moderna".[19] Os novos

---

[16] HARRIS, *Letter to a Christian Nation*, p. 72.

[17] HITCHENS, *God Is Not Great*, p. 151.

[18] DEMBSKI, William A.; McDOWELL, Sean. *Understanding Intelligent Design*. Eugene, OR: Harvest House, 2008.

[19] FLEW, Antony; VARGHESE, Roy Abraham. *There Is a God: How the World's Most Notorious Atheist Changed His Mind*. New York: HarperCollins, 2007, p. 88.

ateus estão livres para proclamar que a ciência está do lado deles, mas as provas demonstram o contrário. Consideremos dois recentes quebra-cabeças que permanecem inexplicados pela ciência naturalista, mas apontam fortemente para Deus.

O MISTÉRIO DA ORIGEM DA VIDA

Um dos problemas científicos mais assombrosos de hoje é a origem da vida. A comunidade científica é unânime em dizer que se trata de um mistério não resolvido. George Whitesides, químico da Universidade de Harvard, comentou certa vez que essa é uma das grandes questões científicas ainda não resolvidas.[19] Até mesmo Sam Harris admite que a origem da vida ainda é um mistério.[20]

> **O que você pensa?**
>
> *Em sua opinião, a evidência científica está a favor da existência de Deus, contra a sua existência, ou é neutra? Com base em que você formou essa opinião?*

O problema da origem da vida é fundamentalmente um problema de informação.

Com a descoberta da estrutura do DNA em 1953, os cientistas passaram a considerar que a organização e o desenvolvimento de criaturas vivas são orquestrados antes de tudo pela informação genética. Por isso, em uma palestra amplamente citada, o ganhador do prêmio Nobel David Baltimore referiu-se à biologia moderna como uma "ciência de informação".

---

[20] WHITESIDES, George M. "Revolutions in Chemistry" (Priestly Medalist address), *Chemical Engineering News* 85(13) (26 March 2007): p. 12-17, disponível em: < http://pubs.acs.org/cen/coverstory/85/8513cover1.html>. Acesso em: 20 fev. 2012.

[21] HARRIS, *Letter to a Christian Nation*, p. 71.

Quanta informação existe nas coisas vivas? De acordo com Richard Dawkins, a informação no núcleo de uma pequenina ameba é maior do que uma coleção inteira da *Enciclopédia Britânica*.[21] O DNA humano contém muitíssimo mais. No entanto, o DNA faz muito mais que armazenar informações. Em combinação com outros sistemas celulares, também processa informações de modo semelhante a um computador. Daí Bill Gates dizer que o DNA é semelhante a um programa de computador, ainda que muito mais avançado do que qualquer *software* que os seres humanos pudessem inventar.[22]

Ateus confessam abertamente não terem pistas a respeito de como a vida começou. Dawkins reconhece a desconcertante improbabilidade da origem da vida, mas conclui com uma incrível solução: sorte. Sim, sorte.[23] Seria esta a explicação mais razoável? Será que a informação pode surgir de um processo desgovernado, irracional e material?

O que você pensa?
A sorte seria uma dedução crível para a origem da vida? Sem Deus, você consegue imaginar alguma outra explicação razoável?

"A única explicação satisfatória para a origem da vida tão 'direcionada a um fim e autorreplicadora' como a vemos sobre a terra é uma Mente infinitamente inteligente."
Antony Flew, proeminente ex-ateu

---

[21] DAWKINS, Richard. *The Blind Watchmaker*. New York: Norton, 1987, p. 17-18.
[22] GATES, Bill. *The Road Ahead*. Boulder, CO: Blue Penguin, 1996, p. 228.
[23] DAWKINS, *The God Delusion*, p. 168.

O conteúdo informativo do DNA foi uma das principais razões que levou o ex-ateu Antony Flew a mudar de ideia sobre Deus. Ele concluiu: "A única explicação satisfatória para a origem da vida assim 'direcionada a um fim e autorreplicadora' como a vemos sobre a terra é uma Mente infinitamente inteligente".[24] Se uma mensagem chegasse do espaço sideral com a complexidade da *Enciclopédia Britânica*, indubitavelmente seria aceita como prova da existência de inteligência extraterrestre. A explicação mais razoável para o DNA humano – que contém imensamente mais do que a *Enciclopédia Britânica* – é uma mente divina.

AFINANDO O UNIVERSO

Imagine que você esteja fazendo uma caminhada pelas montanhas e depare com uma cabana abandonada. Ao se aproximar, encontra algo muito estranho. A geladeira lá dentro está repleta de suas comidas prediletas, a temperatura está exatamente como você gosta, sua música favorita soa ao fundo e todos os livros, DVDs e periódicos que você mais aprecia estão sobre a mesa. O que você concluiria? Se você desconsiderar a possibilidade de acaso, certamente deduziria que alguém estava esperando sua chegada.

Em décadas recentes, os cientistas começaram a reconhecer que tal cenário espelha o universo como um todo. Parece que o universo foi elaborado singular e unicamente tendo em vista a nossa existência. "Ao observamos o universo e identificarmos os muitos acidentes da física e da astronomia que operaram em nosso benefício, parece que de alguma forma o universo

---

[24] FLEW; VARGHESE, *There Is a God*, p. 132.

O DESAFIO DO NOVO ATEÍSMO

sabia que estávamos por vir", diz o físico Freeman J. Dyson.[25] Por essa razão, o astrônomo britânico Fred Hoyle comentou: "Uma interpretação comum dos fatos sugere que um superintelecto brincou com a física, a química e a biologia, e que na natureza não existem forças cegas que mereçam ser mencionadas".[26] Os físicos concordam que a vida está equilibrada sobre o fio de uma navalha.

Consideremos alguns exemplos. Primeiro, se a lei da gravidade variasse minimamente, o universo não seria habitável. Em relação às outras forças na natureza, a gravidade tem de ser afinada na proporção de 10^{40}. Isso é, uma parte em 10.000.000. 000.000.000.000.000.000.000.000.000.000.000.[27] Segundo, o físico Stephen Hawking, de Cambridge, observou que "se o índice de expansão um segundo após o *Big Bang* tivesse sido menor em até mesmo uma parte em 100 mil milhões de milhões, o universo teria entrado em colapso antes mesmo de atingir seu tamanho atual."[28]

Existem, na verdade, dezenove dessas constantes universais que precisariam estar, cada qual, perfeitamente afinadas com as demais.[29] Claramente, as chances a favor da nossa existência na

[25] DYSON, Freeman J. *Disturbing the Universe*. New York: Harper & Row, 1979, p. 250.

[26] Citado em DAVIES, Paul. *The Accidental Universe*. Cambridge: Cambridge University Press, 1982, p. 118.

[27] DAVIES, Paul. *Superforce: The Search for a Grand Unified Theory of Nature*. New York: Simon and Schuster, 1984, p. 242.

[28] HAWKING, Stephen. *A Brief History of Time*. New York: Bantam Books, 1996, p. 126.

[29] BRADLEY, Walter L. The "Just So Universe", in: *Signs of Intelligence,* org. por DEMBSKI, William A.; KUSHINER, James M. Grand Rapids, MI: Brazos Press, 2001, p. 169.

terra são infimamente pequenas. Na verdade, o físico de Oxford Robert Penrose concluiu que, se considerássemos todas as leis da natureza que precisariam estar afinadas de maneira exata, o resultado seria um número enorme demais para ser escrito, pois os dígitos necessários seriam mais do que o número de partículas elementares do universo.[30]

A evidência para o *design* inteligente é de tal forma convincente que Paul Davies, renomado físico da Universidade Estadual do Arizona, concluiu que a natureza bioamigável de nosso universo parece uma "armação". Ele explica da seguinte forma: "O chavão de que *a vida está equilibrada sobre o fio de uma navalha* é fortemente subestimado. Nenhum fio de navalha no universo é suficientemente fino."[31] Nenhuma explicação científica do universo, afirma Davies, pode estar completa sem levar em conta essa sobrepujante evidência do *design* inteligente. Alguns tentam descartar esse "ajuste fino" apontando para a existência de múltiplos universos, mas a evidência empírica para tanto não existe. A explicação mais econômica e confiável para o fato de o universo ser tão precisamente afinado é porque um Criador – Deus – o fez assim.

> O universo parece ter sido elaborado tendo em vista unicamente os seres humanos.

SERIA O ATEÍSMO MAIS MORAL?

Os novos ateus atacam impiedosamente os males da religião e o caráter do Deus da Bíblia. Proclamam e alardeiam que a

---

[30] PENROSE, Roger. *The Emperor's New Mind*. New York: Oxford, 1989, p. 344.
[31] DAVIES, Paul. *Cosmic Jackpot*. New York: Houghton Mifflin, 2007, p. 149.

moralidade pode existir sem Deus. De acordo com Dawkins: "Não precisamos de Deus para sermos bons – ou maus".[32] Com entusiasmo, os novos ateus denunciam a religião como algo mau, enquanto louvam a ciência como algo bom. Mas isso levanta uma questão desconfortável: se Deus não existe, de onde se originaram as obrigações morais? Se "nada existe além do mundo natural e físico",[33] como assegura Dawkins, que significado há em dizer que o mal existe? Uma vez que os valores morais não possuem propriedade física como altura, largura e peso, como podemos dizer que são reais?

Uma questão complicada para o ateísmo é que é notoriamente

> **O que você pensa?**
> *O romancista russo Fyodor Dostoyevsky disse que, sem Deus, tudo é permissível. O que você acha que ele quis dizer? Pode haver padrão moral sem Deus?*

difícil definir o mal sem que exista um padrão moral transcendente para o bem. O mal tem sido tradicionalmente entendido como a perversão do bem. Assim como o torto implica um padrão reto, o mal implica um padrão de bem. C. S. Lewis é afamado por dizer que um pau torto só faz sentido à luz do conceito de retidão. Semelhantemente, só pode haver mal se existir o bem. Mas se Deus não existe (como querem os novos ateus), então o que é o bem? Até mesmo o falecido ateu J. L. Mackie reconhecia como improvável uma moral objetiva não conectada a um Deus Todo-poderoso.

A existência de valores morais é forte razão para crer em Deus. Consideremos esta argumentação simples:

---

[32] DAWKINS, *The God Delusion*, p. 258.
[33] Ibid., p. 35.

1. Se existem valores morais objetivos, Deus tem de existir.
2. Existem valores morais objetivos.
3. Portanto, certamente Deus existe.

Sabemos que existem valores morais objetivos. Por exemplo, não precisamos ser persuadidos de que torturar bebês por diversão é errado. Toda pessoa razoável sabe disso. Assim, se existem valores morais, então Deus também deve existir.

> É notoriamente difícil definir o mal sem algum padrão moral transcendente de bem.

Em seus debates públicos, Christopher Hitchens regularmente desafia seus opositores a dar um único exemplo de ação moral que os ateus não possam praticar. É claro que não existe nenhum. Muitos ateus são bondosos, caridosos e trabalhadores. Mas o desafio de Hitchens ignora o ponto principal: como o ateísmo explica as obrigações morais? Se não existe Deus, como fundamentamos o bem e o mal? O ateísmo se cala quanto a isso. Assim, ironicamente, uma das objeções mais comuns contra Deus acaba sendo uma das melhores razões para crer nele.

O CRISTIANISMO SERIA UMA MALDIÇÃO?

Os ateus antigos criam que a religião era falsa. Os novos ateus acreditam que ela é não somente falsa como também má. Sam Harris chama a religião de "a mais potente fonte de conflitos humanos, passados e atuais".[34] Repetidas vezes, os novos ateus apontam os maus-tratos sofridos por Galileu, as atrocidades das

---

[34] HARRIS, Sam *The End of Faith: Religion, Terror and the End of Reason*. New York: W. W. Norton, 2005, p. 35.

O DESAFIO DO NOVO ATEÍSMO

Cruzadas e da Inquisição e os julgamentos das bruxas de Salém (na nova Inglaterra norte-americana) do passado, assim como o abuso sexual de crianças por parte de padres católicos romanos atualmente como provas da crueldade do cristianismo.

Sem dúvida, as pessoas têm feito coisas horríveis em nome de Cristo, mas por que culpar o cristianismo quando as pessoas fazem exatamente o contrário do que Jesus Cristo ensinou? Jesus se pronunciou favoravelmente à queima de bruxas? Encorajou seus seguidores a torturar os hereges? É claro que não! Na verdade, Jesus ensinou exatamente o contrário. Disse para amar os inimigos (Mateus 5:44), estender a mão àqueles que a sociedade julgava intocáveis (Mateus 8:3) e dar a vida pelo próximo (João 15:13). Se as pessoas realmente vivessem como Jesus, a violência seria coisa do passado.

> **O que você pensa?**
>
> *Se as pessoas vivessem de acordo com os ensinos de Jesus, como o mundo seria realmente? Será que o cristianismo é culpado quando as pessoas fazem exatamente o contrário do que Jesus ensinou?*

Em seu livro *What's So Great About Christianity?*[35] Dinesh D'Souza demonstra como os novos ateus exageram muitíssimo os crimes cometidos em nome da religião, enquanto racionalizam os crimes vastamente mais graves cometidos em nome do ateísmo. Por exemplo, Sam Harris estima em 100 mil o número de pessoas mortas nos julgamentos das bruxas de Salém. Qual o número verdadeiro? Centenas? Milhares?

---

[35] Edição brasileira: *A verdade sobre o cristianismo:* por que a religião criada por Jesus é moderna, fascinante e inquestionável. Rio de Janeiro: Vida Melhor, 2008.

Dezenas de milhares? Na verdade, foram menos de 25.[36] Mas o que o ateísmo oferece?

É importante lembrar que a questão não é se ateus, individualmente, podem ser boas pessoas. É claro que podem (e muitos são). A questão-chave é se o ateísmo, quando adotado como filosofia prevalecente de determinada cultura, é bom ou mau. Quando essa pergunta é a base, fica claro que nenhuma outra cosmovisão causou tanta miséria e tanto derramamento de sangue quanto o ateísmo. Especificamente, o número de pessoas assassinadas por regimes ateus no século 20, como o comunismo chinês, a Rússia comunista e a Alemanha nazista, supera 100 milhões de pessoas.[37] Não existe nem de perto um segundo lugar. David Berlinski, judeu secularista e Ph.D. pela Universidade de Princeton, crê que umas das razões pelas quais tamanhas atrocidades ocorreram está na ausência de responsabilidade até as últimas consequências: "Aquilo em que Hitler não cria e Stalin não cria e Mao não cria e a SS e a Gestapo não criam... era que Deus estava vendo o que eles faziam".[38]

Embora certamente alguns cristãos tenham feito coisas más, o legado do cristianismo tem sido predominantemente positivo. Os cristãos ergueram os primeiros hospitais, iniciaram a Cruz Vermelha, lideraram o movimento abolicionista, inventaram a universidade e foram pioneiros na ciência moderna. Quando traçamos os movimentos que contribuíram

---

[36] D'Souza, Dinesh. *What's So Great About Christianity*. Washington, DC: Regnery, 2007, p. 207.

[37] Ibid., p. 214.

[38] Berlinski, David. *The Devil's Delusion: Atheism and Its Scientific Pretensions*. New York: Crown Forum, 2008, p. 26.

para a mais profunda libertação da humanidade, encontramos o evangelho no coração de quase todos eles.

CONCLUSÃO

Em última análise, a única coisa realmente nova no novo ateísmo está em sua atitude. Apesar da retórica flamejante, não existem recentes descobertas na ciência, história ou filosofia que solapem o teísmo em geral ou o cristianismo em particular. Na verdade, acontece o contrário. Quanto mais descemos às intricadas ações internas de uma célula ou subimos às profundezas do universo, mais vemos as impressões digitais de Deus.

> Embora certamente alguns cristãos tenham feito coisas más, o legado do cristianismo tem sido predominantemente positivo.

Cerca de três mil anos atrás, o salmista disse bem: *Os céus proclamam a glória de Deus, e o firmamento anuncia as obras das suas mãos. Um dia declara isso a outro dia, e uma noite revela conhecimento a outra noite* (Salmos 19:1-2). Como este salmo comunica claramente, Deus pode ser conhecido por meio de sua criação. E, como demonstra este livro, Deus se fez conhecido especificamente mediante a pessoa de Jesus Cristo, que foi bem mais que um carpinteiro. Isso não é algo que se aceita por fé cega, mas mediante evidências convincentes.

Podemos provar que Jesus é Filho de Deus? Somente o método histórico-legal funcionará para comprovar essa questão. Então, a pergunta principal passa a ser: podemos crer na confiabilidade dos testemunhos e das evidências (ou seja, do Novo Testamento)?

Uma característica da fé cristã que atrai de modo especial o meu (Josh) coração é que não se trata de uma crença cega e ignorante, mas de uma fé baseada em sólida inteligência. Toda vez que lemos sobre um personagem bíblico chamado a exercer sua fé, vemos que era uma fé inteligente. Jesus disse: *e conhecereis a verdade, e a verdade vos libertará* (João 8:32) – não a ignore. Ao ser perguntado sobre qual o maior de seus mandamentos, Jesus respondeu: *Amarás o Senhor teu Deus de todo o teu coração, de toda a tua alma e de todo o teu entendimento* (Mateus 22:36-37, grifos do autor). O problema de muitas pessoas é que elas parecem amar a Deus somente com o coração. A verdade sobre Cristo jamais penetra sua mente. Recebemos uma mente capacitada pelo Espírito Santo para conhecer a Deus, assim como um coração capaz de amá-lo e um desejo de escolhê-lo. Precisamos fazer com que as três áreas funcionem para que tenhamos um relacionamento pleno com Deus e para que o glorifiquemos. Não sei quanto a você, mas o meu coração não consegue alegrar-se naquilo que a minha mente rejeita. A mente e o coração foram criados para trabalhar juntos, em harmonia. Ninguém foi chamado a cometer suicídio intelectual por confiar em Jesus Cristo como Salvador e Senhor.

> Uma característica da fé cristã que atrai de modo especial o meu coração é que não se trata de uma crença cega e ignorante, mas de uma fé baseada em sólida inteligência.

> **O que você pensa?**
> *A ideia de uma fé inteligente é nova para você? Se a fé não for "uma crença cega e ignorante, mas baseada em sólida inteligência", qual seria uma definição adequada da fé?*

O DESAFIO DO NOVO ATEÍSMO

Nos quatro capítulos seguintes, examinaremos as evidências da confiabilidade dos documentos escritos, assim como da credibilidade do testemunho oral e dos relatos de testemunhas oculares a respeito de Jesus.

6

Os documentos bíblicos são confiáveis?

O Novo Testamento oferece as principais fontes de informações sobre Jesus. Devido a isso, nos últimos dois séculos muitos críticos têm atacado a confiabilidade dos documentos bíblicos. Parece haver constante acusação de que não existem fundamentos históricos ou de que estes foram invalidados por descobertas e pesquisas arqueológicas.

Quando eu (Josh) dava palestras na Universidade Estadual de Arizona, um professor que havia trazido sua turma de Literatura para me ouvir aproximou-se após a palestra sobre "liberdade de expressão" e disse:

— Sr. McDowell, o senhor baseia todas as suas afirmativas a respeito do cristianismo sobre um documento do segundo século que é considerado obsoleto. Hoje mostrei em sala de aula que o Novo Testamento foi escrito tanto tempo depois de Cristo que não podia ser correto naquilo que documentava.

Respondi: – Senhor, entendo o seu ponto de vista e conheço os escritos nos quais ele se baseia. Mas o fato é que foi comprovado, por documentos descobertos mais recentemente, que esses escritos a que você refere demonstram claramente que o Novo Testamento foi escrito dentro de uma geração do tempo de Cristo.

A fonte das opiniões daquele professor sobre os documentos acerca de Jesus foram os escritos do crítico alemão Ferdinand Christian Baur. Baur presumiu que a maior parte do Novo Testamento só foi escrita no final do segundo século, a partir de mitos e lendas desenvolvidos durante o longo intervalo entre a vida de Jesus e o tempo em que esses relatos foram registrados por escrito.

Contudo, no século 20, descobertas arqueológicas confirmaram a exatidão dos manuscritos do Novo Testamento. Manuscritos em papiros antigos (o manuscrito John Rylands, por exemplo, de 130 d.C.; os papiros Chester Beatty, de 155 d.C.; e os papiros Bodmer II, de 200 d.C.) fizeram a ponte entre o tempo de Cristo e manuscritos existentes provenientes de datas mais tardias.

> Descobertas arqueológicas do século 20 confirmaram a exatidão dos manuscritos do Novo Testamento.

Millar Burrows, por muitos anos professor de Teologia Bíblica na Escola de Divindade de Yale, diz:

> Outro resultado da comparação entre o grego do Novo Testamento e a linguagem dos papiros [descobertos] é um aumento na confiança quanto à transmissão acurada do texto do próprio Novo Testamento.[1]

---

[1] Burrows, Millar. *What Mean These Stones? The Significance of Archaeology for Biblical Studies*. New York: Meridian Books, 1956, p. 52.

MAIS QUE UM CARPINTEIRO

Descobertas dessa espécie têm feito aumentar a confiança dos acadêmicos em relação à Bíblia.

William F. Albright, que foi o mais renomado arqueólogo bíblico, escreve:

> Já podemos afirmar enfaticamente que não existe mais nenhuma base sólida para datar qualquer livro do Novo Testamento após o ano de 80 d.C., o que equivale a duas gerações inteiras antes da data entre 130 e 150 indicada pelos críticos mais radicais da atualidade.[2]

Albright repete este ponto de vista em entrevista ao *Christianity Today:*

> Na minha opinião, cada livro do Novo Testamento foi escrito por um judeu batizado, entre os anos 40 e 80 do primeiro século da era cristã (muito provavelmente em algum momento entre 50 e 75 d.C.).[3]

Sir William Ramsey, um dos maiores arqueólogos que já existiu, estudou na escola histórica alemã, que ensinava ser o livro de Atos um produto de meados do segundo século d.C. e não do primeiro século, como o próprio livro afirma. Após ler a crítica moderna sobre o livro de Atos, Ramsey se convenceu de que não seria um relato fidedigno dos fatos daquele tempo (50 d.C.) e, portanto, indigno de consideração por um historiador. Em

---

[2] ALBRIGHT, William F. *Recent Discoveries in Bible Lands.* New York: Funk and Wagnalls, 1955, p. 136.
[3] ALBRIGHT, William F. *Christianity Today,* no. 7 (18 January 1963): 3.

OS DOCUMENTOS BÍBLICOS SÃO CONFIÁVEIS

sua pesquisa sobre a história da Ásia Menor, Ramsey prestou pouca atenção no Novo Testamento. Sua investigação, porém, acabou compelindo-o a considerar os escritos de Lucas, autor do livro de Atos. O arqueólogo observou os detalhes meticulosos do relato e aos poucos sua atitude em relação ao livro de Atos começou a mudar. Foi forçado a concluir que

> Lucas é historiador de primeiríssima categoria... Este autor deverá ser colocado junto aos maiores historiadores de todo o mundo.[4]

Devido à precisão do livro mesmo em seus mínimos detalhes, Ramsay teve de concluir que Atos não poderia ser um documento do segundo século, mas que pertencia a meados do primeiro século.

Muitos acadêmicos liberais estão sendo forçados a considerar datas mais antigas para o Novo Testamento. O falecido bispo anglicano John A. T. Robinson, ao concluir sua obra *Redating the New Testament* [Redatando o Novo Testamento], faz afirmativas surpreendentemente radicais. Sua pesquisa o levou a concluir que todo o Novo Testamento foi escrito antes da queda de Jerusalém em 70 d.C.[5]

Hoje os críticos formais (estudiosos que analisam as antigas formas literárias e tradições orais por trás dos escritos bíblicos) afirmam que o material foi transmitido de forma oral, até finalmente ser escrito na forma do evangelho. Apesar de agora

---

[4] RAMSEY, Sir William. *The Bearing of Recent Discovery on the Trustworthiness of the New Testament*. London: Hodder and Stoughton, 1915, p. 222.

[5] ROBINSON, John A. T. *Redating the New Testament*. London: SCM Press, 1976.

MAIS QUE UM CARPINTEIRO

admitirem que o período de transmissão tenha sido muito mais curto do que antes diziam, ainda concluem que os relatos do evangelho assumiram a forma de literatura folclórica (lendas, contos, mitos e parábolas).

O que você pensa?

Descobertas arqueológicas recentes chamaram a sua atenção? Por que tais descobertas sempre viram manchetes no mundo inteiro?

Uma das principais acusações ao conceito dos críticos formais sobre o desenvolvimento oral da tradição é que o período entre os acontecimentos do Novo Testamento e a documentação desses eventos não é suficientemente longo para ter permitido alterações dos fatos em lendas. Sobre a brevidade desse intervalo, Simon Kistemaker, professor de Novo Testamento no Seminário Teológico Reformado, escreve:

> Normalmente, o acúmulo de folclore entre pessoas de cultura primitiva leva muitas gerações. É um processo gradual, estendido por séculos de tempo. Entretanto, conforme pensa o crítico formal, temos de concluir que as histórias do evangelho foram produzidas e coligidas dentro de pouco mais que uma geração. Em termos da abordagem de crítica formal, a formação das unidades individuais do evangelho tem de ser entendida como um projeto telescópico com um acelerado curso de ação.[6]

A. H. McNeile, ex-professor régio de Divindade na Universidade de Dublin, discorda do conceito de tradição oral da

---

[6] KISTEMAKER, Simon. *The Gospels in Current Study*. Grand Rapids, MI: Baker, 1972, p. 48-49.

OS DOCUMENTOS BÍBLICOS SÃO CONFIÁVEIS

crítica formal, ressaltando que os críticos formais não tratam a tradição das palavras de Jesus do modo como deveriam. Na cultura judaica era importante que as próprias palavras de um mestre fossem preservadas e passadas adiante com cuidado. Por exemplo, 1Coríntios 7:10, 12 e 25 mostram a existência de uma autêntica tradição e sua meticulosa preservação. Era costume para o estudante judeu memorizar as palavras do rabino. Um bom aluno era como "uma cisterna emplastrada que não perde uma única gota" (Mishna, Aboth, ii. 8). Se dependermos da teoria do estudioso bíblico anglicano C. F. Burney, em *The Poetry of Our Lord* [A poesia do nosso Senhor], podemos presumir que a maior parte do ensino do Senhor se realizou na forma poética do aramaico, fácil de ser decorada.[7] Seria impossível, em tal cultura, a existência de uma tradição de lendas que não estivesse em conformidade aos fatos reais e se desenvolvesse em um período tão curto de tempo.

Outros acadêmicos concordam. Paul L. Maier, professor de História Antiga na Universidade do Oeste de Michigan, escreve:

> Argumentos de que o cristianismo tivesse incubado o mito da Páscoa em um longo período de tempo, ou de que as fontes foram escritas muitos anos após a ocorrência dos fatos, simplesmente não são verídicos.[8]

Em sua análise da crítica formal, Albright acrescenta:

---

[7] McNEILE, A. H. *An Introduction to the Study of the New Testament.* London: Oxford University Press, 1953, p. 54.
[8] MAIER, Paul L. *First Easter: The True and Unfamiliar Story in Words and Pictures.* New York: Harper & Row, 1973, p. 122.

MAIS QUE UM CARPINTEIRO

Somente os acadêmicos modernos desprovidos de método ou perspectiva histórica conseguem tecer uma teia de especulação como a que os críticos formais fizeram em torno da tradição do evangelho.

> Na cultura judaica era importante que as palavras do mestre fossem preservadas cuidadosamente e passadas adiante.

A conclusão do próprio Albright foi que "um período de vinte a cinquenta anos é demasiadamente curto para permitir uma corrupção apreciável do conteúdo essencial ou mesmo das palavras específicas de Jesus".[9] Jeffrey L. Sheler, redator da seção de religião de *U. S. News and World Report*, corrobora: "A Bíblia e as suas fontes permanecem firmemente fundamentadas na história".[10]

QUATRO OU VINTE EVANGELHOS?

No livro de suspense de grande sucesso *O código Da Vinci*, Dan Brown faz a afirmativa audaciosa de que "mais de oitenta evangelhos foram considerados para fazer parte do Novo Testamento, no entanto, relativamente poucos foram escolhidos para ser incluídos – entre eles Mateus, Marcos, Lucas e João".[11]

Nos anos 1990, o *Jesus Seminar* publicou um livro intitulado *The Complete Gospels* [Os evangelhos completos], que afirma ser o primeiro lançamento dos vinte evangelhos conhecidos no princípio da era cristã. Os mais notórios são os evangelhos de

[9] ALBRIGHT, William F. *From the Stone Age to Christianity*, 2. ed. Baltimore: John Hopkins Press, 1946, p. 297-98.

[10] SHELER, Jeffrey L. *Is the Bible True?* New York: HarperCollins Publishers, 1999, p. 41.

[11] BROWN, Dan. *The Da Vinci Code*, p. 231.

Tomé, Judas, Felipe, Pedro e Maria. A implicação clara é: esses textos antigos revelam um ponto de vista diferente a respeito de Jesus, que seria tão válido quanto a tradição da igreja consagrada pelo tempo. Há alguma verdade nessas afirmativas? Teriam os quatro evangelhos perdido sua posição privilegiada como fontes únicas de informação sobre a vida e o ministério de Jesus? Será que esses evangelhos recentemente descobertos transformam nosso entendimento do cristianismo?

Por mais dramáticas e extraordinárias que pareçam tais reivindicações, elas simplesmente caem por terra sob o peso da análise histórica. Em *Hidden Gospels* [Evangelhos ocultos], o historiador Philip Jenkins conclui que "a ideia de que diversos evangelhos não canônicos sejam testemunho igualmente válido à antiguidade do cristianismo é profundamente falha".[12] O mais sério desafio ao *status* desses outros evangelhos é sua datação tardia. Enquanto os quatro evangelhos foram escritos no primeiro século, as evidências apontam que esses outros evangelhos foram compostos entre 120 e 250 d.C., pelo menos três gerações após a vida de Cristo.

> **O que você pensa?**
> *Você dá algum crédito a livros, artigos ou documentários de TV com informações extrabíblicas sobre a credibilidade e a historicidade de Jesus? Como você compara as evidências históricas sobre Jesus com as de outras personagens bem conhecidas?*

Uma vez que esses textos foram escritos muito mais tarde que os quatro evangelhos tradicionais, seria improvável que

---

[12] JENKINS, Philip. *Hidden Gospels: How the Search for Jesus Lost Its Way*. New York: Oxford University Press, 2001, p. 83.

revelassem novas informações sobre o Jesus histórico. Assim, o professor de Novo Testamento Craig A. Evans conclui que

> o histórico acadêmico com respeito ao uso desses evangelhos extracanônicos é, francamente, embaraçoso... Descobrimos que esses evangelhos extracanônicos não oferecem tradição confiável inicial, independentemente daquilo que possuímos nos evangelhos do Novo Testamento.[13]

Muitas vezes, pessoas não cristãs dizem que não podemos confiar no que a Bíblia diz. "Afinal de contas, a Bíblia foi escrita há mais de dois mil anos. Está cheia de discrepâncias e erros", alegam. Minha resposta é que acredito poder confiar nas Escrituras. Descrevo a seguir um incidente ocorrido quando eu estava dando uma palestra em uma aula de História. Eu havia declarado haver mais evidências para a confiabilidade do Novo Testamento do que em relação a todas as outras peças de literatura clássica juntas.

O professor da classe ficou de lado, rindo com escárnio, como quem diz: "Ora essa, você acredita mesmo nisso?!". Perguntei-lhe por que estava resmungando, e ele respondeu: – Não posso acreditar que você tenha a audácia de dizer, em uma aula de História, que o Novo Testamento é confiável. Isso é ridículo!

Procurando terreno comum para uma discussão amigável, perguntei: – Diga-me, senhor, como historiador, quais testes o senhor aplica a qualquer peça de escrita histórica a fim de determinar sua exatidão e confiabilidade?

---

[13] Conforme citado em JENKINS, Philip. *Hidden Gospels*, p. 98-99. Leitura complementar: EVANS, Craig A. *O Jesus fabricado*: Cultura Cristã, 2009.

Fiquei estupefato ao perceber que ele não tinha nenhuma espécie de prova. Na verdade, até hoje nunca consegui resposta positiva a essa pergunta. Passei então a explicar: – Eu tenho algumas provas.

Contei-lhe que creio firmemente que precisamos provar a confiabilidade histórica da Escritura pelos mesmos critérios que aplicamos a qualquer documento histórico. O historiador militar Chauncey Sanders lista e explica os três princípios básicos da historiografia: a prova *bibliográfica*, a prova de *evidências internas* e a prova de *evidências externas*.[14] Examinemos cada uma delas.

PROVA BIBLIOGRÁFICA

A prova bibliográfica examina a transmissão textual pela qual os documentos antigos nos alcançam. Em outras palavras, já que não temos os manuscritos originais, precisamos perguntar: quão confiáveis são as cópias que possuímos? Quantos manuscritos sobreviveram? Quão coerentes são eles? Qual o intervalo de tempo entre o original e as cópias existentes?

Podemos apreciar a tremenda riqueza de autoridade dos manuscritos do Novo Testamento quando comparamos com materiais textuais disponíveis que sustentam outros antigos escritos de renome.

A história de Teucídides (460-400 a.C.) está disponível em apenas oito manuscritos datados de cerca de 900 d.C., quase 1.300 anos depois da redação original. Os manuscritos da história de Heródoto são igualmente tardios e raros. No entanto, como disse F. F. Bruce, professor de Criticismo Bíblico e Exegese da Universidade de Manchester, conclui:

---

[14] SANDERS, Chauncey. *Introduction to Research in English Literary History.* New York: Macmillan, 1952, p. 143ss.

Nenhum acadêmico crítico daria ouvidos a uma argumentação que duvidasse da autenticidade de Heródoto ou Teucídides, porque os manuscritos mais antigos de suas obras datam mais de 1.300 anos após seus originais.[15]

Aristóteles escreveu sua Poética por volta de 343 a.C.; no entanto, a cópia mais antiga que temos é de 1100 d.C. (uma lacuna de quase 1.400 anos), da qual só existem 49 exemplares disponíveis.

> "Nenhum acadêmico crítico daria ouvidos a uma argumentação que duvidasse da autenticidade de Heródoto ou Teucídides porque os manuscritos mais antigos de suas obras datam mais de 1.300 após seus originais." F. F. Bruce

César compôs sua história das guerras gaulesas entre 58 e 50 a.C., e a autoridade de seu manuscrito repousa sobre nove ou dez cópias datadas mil anos após sua morte.

Bruce Metzger, autor ou editor de cinquenta livros sobre a autoridade dos manuscritos do Novo Testamento, comenta com relação a outros notáveis do primeiro século:

Considere Tácito, historiador romano que escreveu os *Anais da Roma Imperial* em cerca de 116 d.C. Seus primeiros seis livros só existem em um único manuscrito, que foi copiado em 850 d.C. Os livros onze a dezesseis estão em outro manuscrito datado do século 11. Os livros sete a dez foram perdidos. Assim, há um longo intervalo entre a época em que Tácito buscou a informação e a escreveu, e as únicas cópias existentes.

---

[15] BRUCE, F. F. *The New Testament Documents: Are They Reliable?* Downers Grove, IL: InterVarsity, 1965, p. 16.

OS DOCUMENTOS BÍBLICOS SÃO CONFIÁVEIS

Quanto ao historiador do século primeiro, Flávio Josefo, temos nove manuscritos gregos de sua obra *As guerras dos hebreus*, e estas cópias foram escritas nos séculos 10, 11 e 12. Existe uma tradução latina datando do quarto século materiais da Rússia medieval do século 11 ou 12.

Metzger confessa que "a quantidade de material do Novo Testamento é quase embaraçosa quando comparada com a de outras obras da antiguidade".[16]

Quando escrevi este livro pela primeira vez, em 1977, pude documentar 4.600 manuscritos gregos da Bíblia, o que representa muito mais fontes materiais do que existe para qualquer outro livro escrito na antiguidade. Quando escrevo esta edição, outros manuscritos gregos foram encontrados e é possível documentar mais de 5.600 deles.

Daniel Wallace, professor de estudos do Novo Testamento do Seminário Teológico de Dallas e uma das maiores autoridades do texto grego do Novo Testamento, declara:

Bem mais de duzentos manuscritos bíblicos (noventa dos quais do Novo Testamento) foram descobertos no Sinai em 1975, quando foi encontrado um compartimento escondido na torre de São Jorge. Alguns desses manuscritos são muito antigos. Todos eles (os manuscritos) confirmam que a transmissão do Novo Testamento foi realizada em relativa pureza e que Deus sabe como preservar o texto para que não seja destruído. Além desses manuscritos, existem 50 mil fragmentos

[16] METZGER, Bruce, citado em STROBEL, Lee. *The Case for Christ*. Grand Rapids, MI: Zondervan, 1998, p. 60.

MAIS QUE UM CARPINTEIRO

selados em caixas. Cerca de trinta manuscritos separados do Novo Testamento foram identificados nesses fragmentos, e estudiosos creem que possa haver muito mais.[17]

Quando se trata da autoridade dos manuscritos do Novo Testamento, a abundância de material é realmente notável em contraste com a escassez de outros textos clássicos. Após as descobertas dos primeiros papiros a fazerem uma ponte entre o tempo de Cristo e o segundo século, veio à luz enorme profusão de outros manuscritos. Mais de 20 mil cópias de manuscritos do Novo Testamento foram encontradas até 2009. Da *Ilíada*, segundo livro mais antigo depois do Novo Testamento, no que diz respeito à autoridade do manuscrito, existem apenas 643 manuscritos.

> **O que você pensa?**
>
> *Você, ou alguém que você conhece, acredita que, pelo fato de o texto da Bíblia ser antigo, ele não é confiável? Existem outros textos antigos não bíblicos nos quais você não acha difícil acreditar?*

O estudioso judaico Jacob Klausner diz: "Se houvesse fontes tão antigas quanto as do evangelho para a história de Alexandre ou César, não teríamos nenhuma dúvida sobre eles".[18]

Sir Frederick Kenyon, antigo diretor e bibliotecário-chefe do Museu Britânico, cuja autoridade em manuscritos antigos é incomparável, conclui:

> O intervalo entre as datas de composição original e as mais primevas evidências se torna tão pequeno que de fato inexiste, e foi

---

[17] Correspondência pessoal de Dan Wallace, 6 de janeiro de 2003.

[18] KLAUSNER, Jacob, citado em DURANT, Will. *Caesar or Christ: The Story of Civilization*, pt 3. New York: Simon and Schuster, 1944, p. 557.

OS DOCUMENTOS BÍBLICOS SÃO CONFIÁVEIS

removido o último fundamento para qualquer dúvida de que as Escrituras tenham chegado até nós substancialmente do mesmo modo que foram escritas. Tanto a autenticidade quanto a integridade geral dos livros do Novo Testamento podem ser consideradas firmemente estabelecidas.[19]

Outros concordam. Stephen Neill, bispo anglicano e historiador do Novo Testamento, defende que "temos um texto muito melhor e mais confiável do Novo Testamento do que de qualquer outra obra da Antiguidade".[20]

Craig Bloomberg, ex-pesquisador da Universidade de Cambridge na Inglaterra e hoje professor de Novo Testamento no Seminário Teológico de Denver, explica que os textos do Novo Testamento "foram preservados em maior número do que quaisquer outros documentos antigos". Ele conclui que "de 97% a 99% do Novo Testamento podem ser reconstruídos sem deixar qualquer sombra de dúvida".[21]

O acadêmico do Novo Testamento grego J. Harold Greenlee acrescenta:

> Mais de 20 mil cópias de manuscritos do Novo Testamento foram encontradas até 2009. Da Ilíada, segundo livro mais antigo depois do Novo Testamento, no que diz respeito à autoridade do manuscrito, existem apenas 643 manuscritos.

---

[19] KENYON, Sir Frederic. *The Bible and Archaeology*. New York: Harper & Row, 1940, p. 288-89.

[20] NEILL, Stephen. *The Interpretation of the New Testament*. London: Oxford University Press, 1964, p. 78.

[21] BLOOMBERG, Craig L. "The Historical Reliability of the New Testament" in: CRAIG, William Lane. *Reasonable Faith*. Wheaton, IL: Crossway, 1994, p. 226.

MAIS QUE UM CARPINTEIRO

Uma vez que os estudiosos aceitam como geralmente confiáveis os escritos dos clássicos antigos, mesmo que os mais remotos manuscritos tenham sido escritos tanto tempo depois dos escritos originais e o número de manuscritos existentes seja, em muitos casos, muito pequeno, fica claro que a confiabilidade do texto do Novo Testamento está igualmente assegurada.[22]

A aplicação da prova bibliográfica ao Novo Testamento nos garante que existe nele maior autoridade de manuscrito do que em qualquer outra peça de literatura da Antiguidade. Se acrescentarmos a essa autoridade os mais de 130 anos de intensivo criticismo textual, podemos concluir que foi estabelecido um texto autêntico do Novo Testamento.

O QUE DIZER DE VARIANTES BÍBLICAS?

Em 2005, o crítico textual Bart Ehrman criou uma tempestuosa controvérsia com o lançamento de seu bem-sucedido livro *Misquoting Jesus*[23] [*O que Jesus disse? O que Jesus não disse?*]. Sua teoria era simples: os manuscritos bíblicos continham tantos erros que não seria possível recuperar o texto original. Alguns dos erros eram acidentais, diz Ehrman, enquanto outros eram propositais. De qualquer modo, para o autor, o Novo Testamento conforme o conhecemos hoje não é confiável.

Um ponto-chave levantado por Ehrman são as 300 a 400 mil variantes entre manuscritos do Novo Testamento. Uma

---

[22] GREENLEE, J. Harold. *Introduction to New Testament Textual Criticism.* Grand Rapids, MI: Eerdmans, 1954, p. 16.

[23] Edição brasileira: O que Jesus disse? o que Jesus não disse? (Quem mudou a Bíblia e por quê). Rio de Janeiro: Pocketouro, 2008.

variante textual é qualquer ponto no qual os manuscritos apresentem palavras alternativas. Dado que o Novo Testamento grego tem cerca de 138 mil palavras, a ideia de que haja duas ou três vezes mais variantes do que o número de palavras existentes é bastante perturbadora. Mas precisamos reconhecer que o grande número de variantes é resultado direto do número extremamente grande de manuscritos disponíveis do Novo Testamento. Não há outras obras da Antiguidade que cheguem perto da riqueza dos manuscritos do Novo Testamento. Quanto mais manuscritos possuímos, mais variantes temos; quanto menos manuscritos, menor número de variantes. Mas este não é todo o quadro. Quando as variantes são examinadas mais de perto, surge uma história bem diferente.

A categoria mais significativa de variantes é, sem dúvida, a de diferenças ortográficas. Por exemplo, o nome João poderia ser grafado *João* ou *Johaon*. É claro que uma variação dessa espécie não coloca em jogo o significado do texto. Diferenças em ortografia compõem cerca de 75% de todas as variantes.[24] Isto é, de 225 a 300 mil de todas as variantes! Outra grande categoria de variantes é a de sinônimos utilizados nos manuscritos. Por exemplo, alguns manuscritos se referem a Jesus por seu nome próprio, enquanto outros usam o termo "Senhor" ou o pronome "Ele". Tais diferenças não comprometem o significado do texto em questão.

Levando em conta todas as variantes, apenas 1% envolve o significado do texto. Mesmo esse fato pode ser exagerado. Por exemplo, existe discordância se 1João 1:4 deve ser traduzido

---

[24] Conforme citado por KOMOSZEWSKI, J. Ed; SAWYER, M. James; WALLACE, Daniel B. *Reinventing Jesus*, p. 215.

MAIS QUE UM CARPINTEIRO

"Estas coisas vos escrevemos para que a *nossa* alegria seja completa" ou "Estas coisas, vos escrevemos para que a *vossa* alegria seja completa". Embora essa discordância envolva o significado da passagem, não coloca em jogo nenhuma doutrina central da fé cristã. Por essa razão os autores de *Reinventing Jesus* concluem: "A resposta simples à pergunta de quais verdades teológicas estão em jogo nessas variantes é – nenhuma".[25] Conforme vimos neste capítulo, podemos ter alto grau de confiança nos escritos do Novo Testamento.

PROVA DE EVIDÊNCIA INTERNA

A prova bibliográfica determina apenas que o texto que hoje temos é o que foi originalmente documentado. Ainda será necessário determinar se o documento escrito originalmente é confiável, e também a extensão dessa credibilidade. Essa é a tarefa da crítica interna, a segunda prova de historicidade citada por Chauncey Sanders.

O apologeta John W. Montgomery nos lembra que

> o estudo acadêmico histórico e literário continua seguindo o dito eminentemente justo de Aristóteles de que o benefício da dúvida deverá ser dado ao próprio documento, e não arrogado pelo crítico para si mesmo.

Montgomery continua:

> Isso significa que devemos ouvir as reivindicações do documento que está sendo analisado, e não presumir fraude ou

---

[25] Conforme citado por KOMOSZEWSKI, J. Ed; SAWYER, M. James; WALLACE, Daniel B. *Reinventing Jesus*, p. 109.

92

OS DOCUMENTOS BÍBLICOS SÃO CONFIÁVEIS

erro, a não ser que o autor se desqualifique por contradições ou deturpação conhecida dos fatos.[26]

Louis Gottschalk, ex-professor de História da Universidade de Chicago, delineia seu método em um guia utilizado por muitos pesquisadores para a investigação histórica por muitos pesquisadores. Gottschalk ressalta que a capacidade de dizer a verdade, seja do escritor ou da testemunha, ajuda os historiadores em seus esforços de determinar a credibilidade, "ainda que esta esteja contida em um documento obtido pela força ou por fraude, ou de outra forma duvidosa, com base apenas em evidências por ouvir dizer, ou de testemunha de interesses pessoais".[27]

A capacidade de contar a verdade está intimamente ligada à proximidade da testemunha aos eventos relatados tanto geográfica quanto cronologicamente. Os relatos do Novo Testamento sobre a vida e o ensino de Cristo foram documentados por homens que haviam sido testemunhas oculares ou relataram testemunhos de pessoas que presenciaram pessoalmente os eventos e ensinamentos de Cristo. Consideremos, por exemplo, as seguintes declarações do Novo Testamento:

Visto que muitos têm empreendido uma narração coordenada dos fatos que se realizaram entre nós, transmitidos pelos que desde o princípio foram suas testemunhas oculares e ministros da palavra. Eu mesmo

[26] MONTGOMERY, John Warwick. *Where Is History Going?* Grand Rapids, MI: Zondervan, 1969, p. 46.

[27] GOTTSCHALK, Louis R. *Understanding History*. New York: Knopf, 1969, p. 150.

MAIS QUE UM CARPINTEIRO

investiguei tudo cuidadosamente, desde o começo, e decidi escrever-te um relato ordenado, ó excelentíssimo Teófilo, para que tenhas a certeza das coisas que te foram ensinadas. (Lucas 1:1-4)

Os estudiosos reconhecem a exatidão histórica de Lucas. "O consenso geral, tanto de acadêmicos liberais quanto dos conservadores, é de que Lucas foi muito exato como historiador", explica John McRay, professor de Novo Testamento e Arqueologia na Faculdade Wheaton.

Ele é erudito, eloquente, sua linguagem grega se aproxima da qualidade clássica, escreve como homem culto, e as descobertas arqueológicas demonstram repetidamente que Lucas estava certo naquilo que tinha a dizer.[28]

Lucas não foi o único escritor da Bíblia que se preocupou em reportar corretamente os fatos. Consideremos outros relatos:

Porque não seguimos fábulas engenhosas quando vos fizemos conhecer o poder e a vinda de nosso Senhor Jesus Cristo, pois fomos testemunhas oculares da sua majestade. (2Pedro 1:16)

Sim, o que vimos e ouvimos, isso vos anunciamos, para que também tenhais comunhão conosco; e a nossa comunhão é com o Pai e com seu Filho Jesus Cristo. (1João 1:3)

---

[28] McRay, John, citado por Strobel, Lee. *The Case for Christ*, p. 97.

OS DOCUMENTOS BÍBLICOS SÃO CONFIÁVEIS

E aquele que viu isso é quem dá testemunho, e o seu testemunho é verdadeiro; ele sabe que diz a verdade, para que também possais crer. (João 19:35)

Depois de ter sofrido, apresentou-se vivo também a eles, com muitas provas incontestáveis, aparecendo-lhes por quarenta dias e falando das coisas referentes ao reino de Deus. (Atos 1:3)

Pois não podemos deixar de falar das coisas que vimos e ouvimos. (Atos 4:20)

Após examinar os relatos de apenas seis testemunhas oculares (Mateus, João, Pedro, Paulo, Tiago e Judas), Lynn Gardner, professor de Apologética, conclui que, em comparação com as evidências de outras literaturas da Antiguidade, "temos fontes muito melhores para nosso conhecimento de Jesus de Nazaré".[29]

Tal proximidade dos escritores com os acontecimentos documentados oferece uma certificação extremamente efetiva quanto à acurácia das testemunhas oculares. Suas memórias ainda estão bem vivas. No entanto, o historiador ainda tem de lidar com testemunhas que, embora competentes para

O que você pensa?
Depois de ler os relatos anteriores de seis testemunhas oculares, quais palavras ou frases empregadas fazem com que você considere cuidadosamente suas afirmações? Que emoção parece ressoar nestes relatos?

---

[29] GARDNER, Lynn. *Christianity Stands True.* Joplin, MO: College Press, 1994, p. 40.

relatar a verdade, deliberada ou involuntariamente dão relatos falsos.

O Dr. Norman Geisler, fundador do Seminário Evangélico do Sul, resume os relatos dessas testemunhas oculares:

> O vasto número de relatos de testemunhas oculares independentes... e também a natureza e a integridade das próprias testemunhas confirmam, sem deixar sombra de dúvida, o testemunho apostólico a respeito de Cristo.[30]

Os relatos sobre Cristo no Novo Testamento circularam durante o período de vida dos contemporâneos de Jesus. Essas pessoas, que viveram na época de Jesus, com certeza podiam confirmar ou negar a veracidade dos relatos. Ao defender a proposta do evangelho, os apóstolos apelaram (mesmo ao confrontar seus mais ferrenhos opositores) para o conhecimento comum concernente a Jesus. Não diziam apenas: "Olhem, vimos isto!" ou "Ouvimos isto", mas também viraram a mesa diante dos críticos mais hostis: "Vocês sabem das coisas que estamos falando. Vocês as viram. Conhecem bem a respeito". Atente para o desafio nas passagens seguintes:

> *Homens israelitas, escutai estas palavras: Jesus, o Nazareno, homem aprovado por Deus entre vós com milagres, fatos extraordinários e sinais, que Deus realizou entre vós por meio dele, como bem sabeis.* (Atos 2:22)

---

[30] GEISLER, Norman L. *Christian Apologetics.* Grand Rapids, MI: Baker, 1988, p. 316.

Enquanto Paulo fazia desse modo a sua defesa, Festo disse em alta voz: Estás louco, Paulo! As muitas letras te levaram à loucura! Mas Paulo disse: Não estou louco. ó excelentíssimo Festo; pelo contrário, estou dizendo palavras verdadeiras e de perfeito juízo. Porque o rei, diante de quem eu falo com liberdade, sabe dessas coisas. Não creio que algo disso lhe seja desconhecido; porque essas coisas não aconteceram em algum canto, às escondidas. (Atos 26:24-26)

É melhor tomar cuidado ao afirmar: "vocês também sabem disso" diante de opositores porque se não houver conhecimento comum e concordância nos detalhes, o desafio nos será empurrado de volta goela abaixo!

Quanto ao valor dessa fonte primária dos documentos do Novo Testamento, F. F. Bruce declara:

> Os relatos sobre Cristo no Novo Testamento circularam durante o período de vida dos contemporâneos de Jesus. Essas pessoas, que viveram na época de Jesus, com certeza podiam confirmar ou negar a veracidade dos relatos.

Os primeiros pregadores não lidaram apenas com testemunhas amistosas; outras menos bem dispostas conheciam os principais fatos do ministério e da morte de Jesus. Os discípulos não se podiam dar ao luxo de se arriscar a dizer inverdades (quanto mais manipular propositadamente os fatos), pois seriam imediatamente expostos por aqueles que muito se alegrariam em desacreditá-los. Pelo contrário, um dos pontos mais fortes na pregação apostólica original estava no apelo confiante ao conhecimento de seus ouvintes. Eles não

MAIS QUE UM CARPINTEIRO

somente diziam *somos testemunhas destas coisas*, mas também *como vocês mesmos também sabem* (cf. Atos 2:22). Se houvesse qualquer tendência de apartar-se dos fatos de alguma forma, a possível presença de testemunhas hostis na audiência ainda serviria como corretivo.[31]

Lawrence J. McGinley, da Faculdade de São Pedro, comenta sobre a validade das testemunhas hostis na documentação dos eventos:

> Primeiramente, as testemunhas oculares dos eventos em questão ainda estavam vivas quando a tradição foi consolidada dentre essas testemunhas, havia inimigos mordazes do novo movimento religioso. No entanto, a tradição narrava uma série de atos bastante conhecidos e doutrinas ensinadas publicamente, em um tempo no qual declarações falsas poderiam ser, e teriam sido, questionadas.[32]

Por essa razão o renomado historiador David Hackett Fischer, professor de História na Universidade Brandeis, explica que o testemunho dos apóstolos que presenciaram os acontecimentos é a "melhor prova relevante".[33]

Robert Grant, estudioso do Novo Testamento na Universidade de Chicago, conclui:

[31] BRUCE, F. F. *The New Testament Documents*, p. 33.
[32] McGINLEY, Lawrence J. *Form Criticism of the Synoptic Healing Narratives*. Woodstock, MD: Woodstock College Press, 1944, p. 25.
[33] FISCHER, David Hackett. *Historians' Fallacies: Toward a Logic of Historical Thought*, citado em GEISLER, Norman L. *Why I Am a Christian*. Grand Rapids, MI: Baker, 2001, p. 152.

OS DOCUMENTOS BÍBLICOS SÃO CONFIÁVEIS

Na época em que eles [os evangelhos sinóticos] foram escritos, ou supõe-se que foram escritos, havia testemunhas oculares cujo testemunho não podia ser completamente descartado... Isso quer dizer que os evangelhos têm de ser considerados como relatos altamente confiáveis da vida, morte e ressurreição de Jesus.[34]

O historiador Will Durant, educado na disciplina da investigação histórica, e que investiu toda sua vida analisando os documentos da Antiguidade, escreve:

A despeito dos preconceitos e dos equívocos teológicos dos evangelistas, eles documentam muitos incidentes que meros inventores teriam escondido – a competição dos apóstolos por uma posição mais elevada no Reino, sua fuga depois que Jesus foi preso, a negação de Pedro, o fato de Jesus não realizar milagres na Galileia, as referências de alguns ouvintes à sua possível loucura, sua incerteza inicial quanto à missão, suas confissões de ignorância quanto ao futuro, seus momentos de amargura, seu grito de desespero na cruz – ninguém que lê essas cenas pode duvidar da realidade da figura por trás delas. Que alguns homens simples pudessem, em uma geração, inventar uma personalidade tão poderosa e atraente, tão altaneira e ética, e uma visão de fraternidade humana tão inspiradora, seria um milagre mais inacreditável do que qualquer outro documentado nos evangelhos. Após dois séculos da alta crítica, os contornos da vida, do caráter e do ensinamento de

---

[34] GRANT, Robert. *Historical Introduction to the New Testament*. New York: Harper & Row, 1963, p. 302.

MAIS QUE UM CARPINTEIRO

Cristo permanecem razoavelmente claros e constituem o fator mais fascinante na história do homem ocidental.[35]

PROVA DE EVIDÊNCIA EXTERNA

A terceira prova de historicidade vem das evidências externas. A questão aqui é se outros materiais históricos confirmam ou negam o testemunho interno dos documentos em si. Em outras palavras, quais fontes, à parte da literatura que está sendo analisada, substanciam a veracidade, a confiabilidade e a autenticidade do documento?

Louis Gottschalk defende que "a conformidade ou concordância com outros fatos históricos ou científicos conhecidos, muitas vezes será a evidência decisiva que comprova o ocorrido, quer de uma ou mais testemunhas".[36]

Dois amigos e discípulos do apostolo João confirmam a evidência interna que aparece nos relatos de João. O primeiro foi Papias, bispo de Hierápolis (130 d.C.). O historiador Eusébio preserva os escritos de Papias, como reproduzido a seguir:

> O Presbítero [apóstolo João] costumava dizer também o seguinte: Marcos, tendo sido o intérprete de Pedro, escreveu corretamente tudo o que ele [Pedro] mencionou, quer dizeres quer atos de Cristo, não, porém, em ordem, pois não foi ouvinte nem companheiro do nosso Senhor e sim depois, conforme eu disse, quando acompanhou Pedro, que adaptou seu ensino conforme a necessidade, não como se estivesse compilando os dizeres do Senhor. Então, assim, Marcos não cometeu

[35] DURANT, Will. *Caesar and Christ*, p. 557.
[36] GOTTSCHALK, *Understanding History*, p. 161.

OS DOCUMENTOS BÍBLICOS SÃO CONFIÁVEIS

nenhum erro, escrevendo essas coisas conforme ele as mencionava; ele prestou plena atenção nisto: não omitir nada que tivesse ouvido, nem incluir nenhuma declaração falsa entre eles.[37]

O segundo amigo de João era um de seus discípulos, Policarpo, que se tornou bispo de Esmirna e foi cristão por 86 anos. O aluno de Policarpo, Irineu, mais tarde bispo em Lion (180 d.C.), escreveu sobre o que aprendeu de Policarpo (discípulo de João):

> Mateus publicou seu evangelho entre os hebreus em sua própria língua, quando Pedro e Paulo pregavam o evangelho em Roma e ali fundavam a igreja. Depois que eles partiram [ou seja, morreram, o que a tradição fortemente indica como tendo acontecido durante a perseguição de Nero em 64 d.C.], Marcos, discípulo e intérprete de Pedro, entregou-nos por escrito a substância da pregação de Pedro. Lucas, seguidor de Paulo, registrou em livro o evangelho pregado

A terceira prova de historicidade vem das evidências externas – se outros materiais históricos confirmam ou negam o testemunho interno dos documentos em si.

por seu mestre. Então João, discípulo de nosso Senhor, que também se recostou sobre seu peito [uma referência a João 13:25 e 21:20] produziu ele mesmo seu evangelho enquanto vivia em Éfeso, na Ásia.[38]

---

[37] EUSEBIUS, *Ecclesiastical History*, livro 3, cap. 39.
[38] IRINAEUS, *Against Heresies*, 3.1.1.

Em *The historical Jesus: ancient evidence for the life of Christ* [O Jesus histórico: evidências antigas da vida de Cristo], Gary Habermas documenta de maneira meticulosa as evidências externas para o Jesus histórico.

O que você pensa?

Mesmo com as evidências arqueológicas, os críticos muitas vezes afirmam que as Escrituras não são historicamente corretas. Por que você acha que isso acontece? Alguma evidência seria irrefutável para você?

Documentos gregos, romanos e judaicos oferecem suporte para elementos-chave sobre a vida, o ministério e a morte de Jesus. Essas evidências incluem exemplos notáveis como: (1) a crucificação de Jesus pelos romanos (2) Jesus sendo adorado como Deus (3) a crença na ressurreição de Cristo (4) Jesus como irmão de Tiago; e (5) o túmulo vazio. Habermas conclui que "fontes extrabíblicas antigas apresentam uma quantidade surpreendentemente grande de detalhes tanto sobre a vida de Jesus quanto sobre a natureza do cristianismo primitivo".[39]

A arqueologia também oferece poderosa evidência externa, contribuindo para o criticismo bíblico, não na área de inspiração e revelação, mas ao oferecer evidência da verdade concernente aos eventos documentados. O arqueólogo Joseph Free escreve: "A arqueologia confirmou inúmeras passagens que foram rejeitadas pelos críticos como sendo não históricas ou contraditórias a fatos conhecidos".[39]

Já vimos que a arqueologia fez Sir William Ramsay mudar suas convicções inicialmente negativas quanto à historicidade

---

[39] FREE, Joseph. *Archaeology and Bible History*. Wheaton, IL: Scripture Press, 1964, p. 1.

OS DOCUMENTOS BÍBLICOS SÃO CONFIÁVEIS

de Lucas e concluir que o livro de Atos era acertado em sua descrição da geografia, antiguidade e sociedade da Ásia Menor. F. F. Bruce observa que "onde Lucas tinha sido suspeito de imprecisão, e a precisão foi vindicada por algumas evidências inscritíveis [externas], será legítimo afirmar que a arqueologia confirma os documentos do Novo Testamento".[40]

A. N. Sherwin-White, historiador clássico, escreve: "Para Atos, a confirmação da historicidade é sobrepujante". Ele prossegue: "Qualquer tentativa de rejeitar sua historicidade básica, até mesmo em questões de detalhes, agora parecerá absurda. Há muito tempo os historiadores romanos a consideram veraz".[41]

Após ter tentado, pessoalmente, esmagar a historicidade e validade das Escrituras, fui forçado a concluir que elas realmente são historicamente confiáveis. Se descartarmos a Bíblia como historicamente indigna de confiança, teríamos de descartar também toda a literatura da Antiguidade. Nenhum outro documento dispõe de tantas evidências que confirmem sua confiabilidade. Um problema que enfrento constantemente é o desejo, por parte de muitos, de aplicar um padrão para testar a literatura secular, e outro para a Bíblia. Temos de aplicar o mesmo padrão, seja a literatura investigada secular ou religiosa.

> Se descartarmos a Bíblia como historicamente indigna de confiança, teríamos de descartar também toda a literatura da Antiguidade.

---

[40] BRUCE, F. F. "Archaeological Confirmation of the New Testament", *Revelation and the Bible*, org. por HENRY, Carl. Grand Rapids, MI: Baker, 1969, p. 331.

[41] SHERWIN-WHITE, A. N. *Roman Society and Roman Law in the New Testament*. Oxford: Clarendon Press, 1963, p. 189.

MAIS QUE UM CARPINTEIRO

Tendo feito isto, estou convicto de que podemos considerar a Bíblia como historicamente confiável em seu testemunho a respeito de Jesus.

Clark H. Pinnock, professor emérito de Teologia Sistemática na Faculdade de Divindade McMaster, declara:

> Não existe outro documento do mundo antigo presenciado por um conjunto tão excelente de testemunhas textuais e históricas e oferecendo tão esplêndida exibição de dados históricos sobre o qual uma decisão inteligente possa ser tomada. Uma pessoa honesta não pode descartar fonte dessa espécie. O ceticismo quanto às credenciais históricas do cristianismo se baseia em um preconceito irracional (ou seja, antissobrenatural).[42]

Douglas Groothuis, professor adjunto de Filosofia e chefe do departamento de Filosofia da Religião no Seminário Teológico de Denver, destaca que "o Novo Testamento é mais atestado por manuscritos antigos do que qualquer outra peça".

---

[42] PINNOCK, Clark H. *Set Forth Your Case*. Nutley, NJ: Craig Press, 1968, p. 58.

7

Quem morreria por uma mentira?

As pessoas que desafiam o cristianismo frequentemente ignoram uma importante área de evidência: a transformação dos apóstolos de Jesus. A vida radicalmente transformada desses homens oferece um sólido testemunho da validade das reivindicações de Cristo.

Uma vez que a fé cristã é histórica, nosso conhecimento a respeito dela em grande parte depende do testemunho, tanto escrito quanto oral. Sem esse testemunho, não teríamos nenhuma janela para eventos históricos, sejam eles cristãos ou de qualquer outra natureza. Na verdade, toda a história é, essencialmente, o conhecimento do passado com base no testemunho. Se a confiança nesse testemunho parece dar à história um fundamento vacilante, precisamos perguntar: de que outro modo aprenderemos do passado? Como saberemos se viveu Napoleão? Nenhum de nós viveu naquela época. Não o vimos nem o encontramos. Dependemos apenas do testemunho.

O nosso conhecimento da história tem um problema inerente: podemos crer que o testemunho é confiável? Já que nosso conhecimento do cristianismo se baseia no testemunho dado

MAIS QUE UM CARPINTEIRO

em passado distante, devemos perguntar se podemos confiar em sua precisão. Será que os testemunhos orais originais sobre Jesus eram dignos de crédito? Podemos confiar que eles transmitiram corretamente o que Jesus disse e fez? Acredito que sim.

Confio no testemunho dos apóstolos porque onze deles morreram como mártires, permanecendo firmes com relação a duas verdades sólidas: a divindade de Cristo e sua ressurreição. Esses homens foram torturados e açoitados, e a maioria sofreu a morte por alguns dos métodos mais cruéis conhecidos até então![1]

1. Pedro, chamado originalmente Simão, foi crucificado.
2. André foi crucificado.
3. Tiago, filho de Zebedeu, foi morto à espada.
4. João, filho de Zebedeu, teve morte natural.
5. Filipe foi crucificado.
6. Bartolomeu foi crucificado.
7. Tomé foi morto por uma lança.
8. Mateus foi morto à espada.
9. Tiago, filho de Alfeu, foi crucificado.
10. Tadeu foi morto por flechas.
11. Simão o zelote foi crucificado.

Muitas vezes escuto: "Bem, então aqueles homens morreram por uma mentira. Aconteceu com muitas pessoas. O que isso prova?".

---

[1] Embora o Novo Testamento não as documente especificamente, fontes históricas e tradições firmadas há muito tempo confirmam a natureza dessas mortes.

QUEM MORRERIA POR UMA MENTIRA?

Sim, muitas pessoas morreram por mentiras, mas o fizeram crendo que era a verdade. E no caso dos discípulos? Se a ressurreição não tivesse ocorrido, é óbvio que eles saberiam. Esses homens em particular não poderiam ser enganados. De outro modo, teriam não somente morrido por uma mentira – eis a armadilha – como também saberiam que era uma mentira. Seria difícil encontrar um grupo de homens, em qualquer ponto da história, dispostos a morrer por uma mentira, se soubessem ser esse o caso.

Vejamos vários fatores que nos auxiliam a entender a verdade fatal daquilo em que os discípulos creram.

1. Eles foram testemunhas oculares

Em seu livro de nível acadêmico, *Jesus and the Eyewitnesses*[2] (2006) Richard Bauckham, professor de Novo Testamento, demonstra que os quatro evangelhos oferecem testemunho confiável que pode ser localizado nas próprias testemunhas.[3]

Os apóstolos escreveram e outros discípulos falaram como testemunhas oculares dos eventos que descreveram. Pedro disse: *Porque não seguimos fábulas engenhosas quando vos fizemos conhecer o poder e a vinda de nosso Senhor Jesus Cristo, pois fomos testemunhas oculares da sua majestade* (2Pedro 1:16). Com certeza os apóstolos sabiam a diferença entre mito ou lenda e a realidade.

Em sua primeira carta, João enfatizou o aspecto de testemunha ocular do seu conhecimento, explicando como ele e os

---

[2] *Jesus e as testemunhas oculares*: Os evangelhos como testemunhos de testemunhas oculares. São Paulo: Paulus, 2011.
[3] BAUCKHAM, Richard. *Jesus and the Eyewitnesses*. Grand Rapids, MI: Eerdmans, 2006.

MAIS QUE UM CARPINTEIRO

outros apóstolos receberam as informações sobre o que Jesus *fez* e *disse*:

O que era desde o princípio, o que ouvimos, o que vimos com nossos olhos, o que contemplamos e nossas mãos apalparam, a respeito ao Verbo da vida (pois a vida foi manifestada, nós a vimos, damos testemunho dela, e vos anunciamos a vida eterna que ouvimos que estava com o Pai e nós foi manifestada). Sim, o que vimos e ouvimos, isso vos anunciamos, para que também tenhais comunhão conosco; e a nossa comunhão é com o Pai e com seu Filho Jesus Cristo. (1João 1:1-3)

> Ao longo da história, muitas pessoas morreram por aquilo que achavam ser verdade. No entanto, os discípulos de Jesus – a maioria martirizada por causa de Cristo – saberiam que era mentira caso a ressurreição não tivesse acontecido.

João começou a última parte de seu evangelho dizendo que *Jesus, na verdade, realizou na presença de seus discípulos ainda muitos outros sinais que não estão registrados neste livro* (João 20:30).

Lucas afirmou:

Visto que muitos têm empreendido uma narração coordenada dos fatos que se realizaram entre nós, transmitidos pelos que desde o princípio foram suas testemunhas oculares e ministros da palavra, pareceu adequado também a mim, excelentíssimo Teófilo, depois de investigar tudo cuidadosamente desde o começo, escrever-te uma narrativa em ordem... (Lucas 1:1-3)

Temos então o livro de Atos, onde Lucas descreve o período de quarenta dias após a ressurreição, quando os seguidores de Jesus o observaram de perto:

Fiz o primeiro relato, ó Teófilo, acerca de tudo o que Jesus começou a fazer e a ensinar, até o dia em que foi levado ao céu, após ter dado orientações, pelo Espírito Santo, aos apóstolos que escolhera. Depois de ter sofrido, apresentou-se vivo também a eles, com muitas provas. (Atos 1:1-3)

O tema central das testemunhas oculares é a ressurreição de Jesus. Os apóstolos testemunharam sua vida ressurreta.

2. Eles tinham de estar convictos

Os apóstolos pensaram que, quando Jesus morreu, tudo havia acabado. Quando Jesus foi preso, eles se esconderam (v. Marcos 14:50). Quando lhes foi dito que o túmulo estava vazio, a princípio não acreditaram (v. Lucas 24:11). Somente após ampla e convincente evidência é que eles creram. Temos então Tomé, que declarou que não

O que você pensa?
Existe alguém ou algo pelo qual você estaria disposto a morrer? Por que você se sente assim?

acreditaria na ressurreição se não pusesse o dedo nas feridas de Cristo. Mais tarde Tomé morreu como mártir por causa de Cristo. Ele estava enganado? Tanto não estava que apostou sua vida nisso!

Houve também Pedro. Ele negou o Senhor diversas vezes durante o julgamento, e por fim o abandonou. Mas alguma coisa transformou completamente esse covarde. Pouco depois da crucificação e do sepultamento de Cristo, Pedro apareceu em Jerusalém, pregando com ousadia, sob ameaça de morte, que Jesus era o Cristo que havia ressuscitado. No final, Pedro foi crucificado (de acordo com a tradição, de cabeça para baixo). O que transformou esse desertor apavorado em intrépido leão por Jesus? Por que Pedro de repente estava disposto a morrer por Cristo? O apóstolo foi enganado? De maneira nenhuma! A única explicação que me satisfaz é o que diz em 1Coríntios 15:5 que, após a ressurreição, Cristo "apareceu a Cefas". Pedro foi testemunha da ressurreição do Senhor, e creu – a ponto de morrer por aquilo em que acreditava.

> **O que você pensa?**
>
> *Você já foi testemunha ocular de alguma coisa e mais tarde teve de contar o que viu? As pessoas acreditaram em você? O que faz com que alguém receba crédito como testemunha?*

O exemplo clássico de um homem convencido contra sua vontade foi Tiago, irmão de Jesus. Embora não estivesse entre os doze discípulos originais (v. Mateus 10:2-4), mais tarde Tiago foi reconhecido como apóstolo (v. Gálatas 1:19), assim como o foram Paulo e Barnabé (v. Atos 14:14). Enquanto Jesus estava crescendo e começou seu ministério, Tiago não acreditava que seu irmão fosse filho de Deus (v. João 7:5). Sem dúvida, Tiago participou com seus irmãos de zombarias em relação a Jesus, dizendo coisas como: *Quer que as pessoas acreditem em você? Por que não vai a Jerusalém, e faz uma grande apresentação, com todos os seus milagres e curas?*. Com certeza Tiago se sentia humilhado porque seu irmão mais velho saía por toda a parte, envergonhando a família e fazendo que as pessoas os ridicularizassem com suas declarações endoidecidas: *Eu sou o caminho, a verdade e a vida; ninguém chega ao Pai, a não ser por mim* (João 14:6); "Eu sou a videira, vós, os ramos" (João 15:5); *Eu sou o bom pastor; conheço as minhas ovelhas, e elas me conhecem* (João 10:14). O que você pensaria se o seu irmão saísse por aí fazendo tais declarações?

No entanto, alguma coisa aconteceu com Tiago. Depois que Jesus foi crucificado e sepultado, Tiago passou a pregar em Jerusalém. Sua mensagem era que Jesus morreu por nossos pecados, ressurgiu e estava vivo. Tiago se tornou um dos líderes na igreja de Jerusalém e escreveu a Epístola de Tiago. Começou o livro dizendo: *Tiago, servo (escravo) de Deus e do Senhor Jesus Cristo* (Tiago 1:1). Finalmente, Tiago morreu apedrejado por ordem de Ananias, o sumo sacerdote.[4] O que teria transformado Tiago de envergonhado zombador em homem disposto a morrer por amor à divindade de seu irmão? Será que Tiago estava enganado? Não. A única explicação plausível é a que lemos em 1Coríntios 15:7: *Depois (da ressurreição de Jesus), apareceu a Tiago.* Tiago viu Jesus Cristo ressurreto, e creu nele.

> **O que você pensa?**
> *A maioria dos, os irmãos de Jesus resistia ao que Ele fazia e dizia. É comum que os parentes sejam os que mais resistem à mudança de um familiar. Por que você acha que isso acontece?*

J. P. Moreland, professor de filosofia na Escola de Teologia Talbot, explica a importância de Tiago, irmão de Jesus, ter passado a crer em Jesus como Messias.

---

[4] Flavius Josefus, *Antiquity of the Jews, p.* xx, 9:1.

MAIS QUE UM CARPINTEIRO

Os evangelhos relatam que a família de Jesus, incluindo Tiago, se envergonhava daquilo que Ele afirmava ser. Não criam nele e o confrontavam. No judaísmo antigo, era razão de grande embaraço a família de um rabino não aceitá-lo. Sendo assim, os escritores dos evangelhos não teriam razão para inventar tal ceticismo se não fosse verdade o fato de os irmãos não acreditarem. Mais tarde, o historiador Josefo nos diz que Tiago, irmão de Jesus, o líder da igreja em Jerusalém, foi apedrejado por crer em seu irmão. Por que a vida de Tiago mudou? Paulo nos conta que o Cristo ressurreto apareceu a ele. Não existe outra explicação.[5]

Se a ressurreição fosse uma mentira, os apóstolos saberiam. Perpetrariam um embuste colossal? Tal possibilidade não coaduna com o que sabemos sobre a qualidade moral de sua vida. Pessoalmente, eles condenavam a mentira e enfatizavam a honestidade. Estimulavam as pessoas a conhecer a verdade. O historiador Edward Gibbon, em seu famoso tomo, *The History of the Decline and Fall of the Roman Empire*[6] [*Declínio e queda do império romano*], aponta "a mais pura se bem que austera moralidade dos primeiros cristãos" como uma das cinco razões pelas quais o cristianismo obteve sucesso tão rapidamente.[7] Michael Green, editor e pesquisador sênior em Wycliffe Hall, da Universidade de Oxford, observa que a ressurreição

---

[5] MORELAND, J. P., citado por STROBEL, Lee. *The Case for Christ*. Grand Rapids, MI: Zondervan, 1998, p. 248.

[6] Declínio e queda do império romano. Rio de Janeiro: Ediouro, 2003.

[7] GIBBON, Edward, citado por SCHAFF, Philip. *History of the Christian Church*. Peabody, MA: Hendrickson Publishers, 1996, cap. 3.

era a crença que transformou os seguidores inconsoláveis de um rabino crucificado em corajosas testemunhas oculares e mártires da igreja primitiva. Era esta a única crença que separava os seguidores de Jesus dos judeus e os transformou em uma comunidade da Ressureição. Poderiam aprisioná-los, açoitá-los, matá-los, mas não poderiam forçá-los a negar sua convicção de que "Ele ressuscitou ao terceiro dia".[8]

3. Eles se tornaram corajosos

A conduta ousada dos apóstolos, imediatamente após terem sido convencidos de que a ressurreição de fato acontecera, torna altamente implausível que tudo fosse uma fraude. Eles se tornaram corajosos quase da noite para o dia. Depois da ressurreição, Pedro, que havia negado a Cristo, se levantou, sob ameaça de morte, proclamando que Jesus estava vivo. As autoridades prenderam os seguidores de Cristo e os açoitaram; no entanto, logo eles estavam de volta às ruas, falando sobre Jesus (v. Atos 5:40-42). Os

> O que teria transformado Tiago de envergonhado zombador em homem disposto a morrer por amor à divindade de seu irmão? Tiago viu Jesus Cristo ressurreto, e creu nele.

amigos perceberam sua animação, e os inimigos notaram sua coragem. Lembre-se de que os apóstolos não confinaram sua ousadia às cidades obscuras. Foram pregar em Jerusalém.

Os seguidores de Jesus não teriam enfrentado a tortura e a morte se não estivessem convencidos da ressurreição. A

---

[8] GREEN, Michael. "Editor's Preface", in: LADD, George Eldon. *I Believe in the Ressurrection of Jesus*. Grand Rapids, MI: Eerdmans, 1975, p. vii.

unanimidade da mensagem e de sua conduta eram surpreendentes. As probabilidades de um grupo tão grande de pessoas concordar entre si sobre uma questão tão controvertida eram mínimas. Ainda assim, todos concordaram quanto à veracidade da ressurreição. Se fossem enganadores, seria difícil explicar porque nem ao menos um deles não cedeu sob a pressão que enfrentavam.

> Os seguidores de Jesus não teriam enfrentado a tortura e a morte se não estivessem convencidos da ressurreição. A unanimidade da mensagem e de sua conduta eram surpreendentes.

Blaise Pascal, filósofo francês, escreve:

> A alegação de que os apóstolos eram impostores é totalmente absurda. Sigamos a acusação até sua conclusão lógica. Imaginemos aqueles doze homens reunindo-se após a morte de Cristo, conspirando para dizer que Ele havia ressuscitado. Isso constituiria um ataque às autoridades, tanto civis quanto religiosas. O coração do homem é estranhamente dado à inconstância e mudança; é balançado por promessas, tentado pelas coisas materiais. Se qualquer um daqueles homens tivesse cedido à tão sedutora tentação, ou tivesse aberto mão diante dos argumentos forçosos de prisão ou tortura, todos eles estariam perdidos.[9]

Quando Jesus foi crucificado, explica J. P. Moreland,

---

[9] PASCAL, Blaise, citado por GLEASON, Robert W. (org.) *The Essential Pascal*, trad. G. F. Pullen. New York: Mentor-Omega Books, 1966, p. 187.

QUEM MORRERIA POR UMA MENTIRA?

os seus seguidores estavam desanimados e deprimidos. Não possuíam mais a confiança de que Jesus tivesse sido enviado por Deus, porque acreditavam que qualquer um que fosse crucificado seria maldito. Também talvez tivessem sido ensinados que Deus não permitiria que seu Messias sofresse a morte. Sendo assim, eles se dispersaram. O movimento de Jesus estava literalmente paralisado. Então, após um pequeno período, nós os vemos abandonando seus afazeres, ajuntando-se novamente e dedicando-se a espalhar uma mensagem muito específica: Jesus Cristo era o Messias de Deus, que morreu sobre a cruz, voltou a viver e por eles fora visto vivo. Estavam dispostos a gastar o resto de suas vidas proclamando isso, sem nenhum lucro em termos humanos. Não se tratava de ter uma mansão que os aguardasse no Mediterrâneo. Eles enfrentaram uma vida de dificuldades. Muitas vezes passaram fome, dormiram expostos ao relento, foram ridicularizados, açoitados, lançados na prisão. Finalmente, a maioria deles foi executada de forma terrível. Para quê? Por boas intenções? Não. Porque eles estavam convictos, sem a mínima dúvida, de que tinham visto Jesus Cristo vivo depois de sua morte. Não podemos explicar como esse grupo específico de homens inventaria essa fé específica sem que tivesse experimentado a ressurreição de Cristo. Não existe outra explicação convincente.[10]

"Como eles se transformaram, quase da noite para o dia, em um bando entusiasmado e indomável, enfrentando oposição, cinismo, zombaria, provações, prisões e morte em três continentes, ao pregarem por toda parte sobre Jesus e este ressurreto?", pergunta Michael Green.[11]

---

[10] MORELAND, J. P., citado por STROBEL, Lee. *The Case for Christ*, p. 246-247.

MAIS QUE UM CARPINTEIRO

Um autor descreve as mudanças ocorridas na vida dos apóstolos:

No dia da crucificação eles estavam cheios de tristeza; no primeiro dia da semana, cheios de alegria. Na crucificação, estavam desesperançados; no primeiro dia da semana, seu coração luzia de certeza e esperança. Quando a mensagem da ressurreição chegou, estavam incrédulos e tiveram de ser convencidos, mas, uma vez que obtiveram certeza, jamais duvidaram novamente. O que poderia explicar a surpreendente mudança nesses homens, em tempo tão curto? Uma simples remoção do corpo de uma sepultura jamais teria realizado uma transformação espiritual e de caráter dessa magnitude. Três dias não seriam suficientes para fazer surgir uma lenda que os afetasse tanto. É necessário tempo para que um processo lendário se instale. É um fato psicológico que exige plena explicação. Pense no caráter das testemunhas – homens e mulheres que deram ao mundo o mais alto ensino ético até então conhecido, e que, segundo o testemunho até mesmo de seus inimigos, viveram aquilo que ensinaram. Pense no absurdo psicológico de um pequeno bando de covardes perdedores, num dia escondendo-se no cenáculo e, noutro, transformados em uma companhia que não

> **O que você pensa?**
>
> *Você admira pessoas que estão dispostas a morrer ou que morreram por uma causa? O que o atrai nelas? O que o assusta nesse comportamento? Existe algo que você possa aprender com elas?*

[11] GREEN, Michael. *Man Alive!* Downers Grove, IL: InterVarsity, 1968, p. 23-24.

QUEM MORRERIA POR UMA MENTIRA?

pôde ser silenciada por nenhuma perseguição – e então tentar atribuir essa dramática mudança a nada mais convincente que uma invenção que estivessem tentando impingir sobre o mundo. Não faria o menor sentido.[12]

O historiador Kenneth Scott Latourette escreveu:

Os efeitos da ressurreição e da vinda do Espírito Santo sobre os discípulos foram... da maior importância. De homens e mulheres desanimados, desiludidos, que olhavam com tristeza os dias passados, quando esperavam que Jesus "fosse aquele que redimiria Israel", eles se transformaram em testemunhas transbordantes de entusiasmo.[13]

N. T. Wright, ex-professor de Estudos no Novo Testamento da Universidade de Oxford, Inglaterra, explica:

O historiador terá de dizer: "Como explicar o fato desse movimento se espalhar tão rapidamente, tendo Jesus como Messias, quando Jesus havia sido crucificado?" A resposta tem de ser, só pode ser porque Ele ressurgiu dos mortos.[14]

Paul Little, ex-professor associado de Evangelismo na Escola Evangélica de Divindade Trinity, pergunta:

[12] Citado por ANDERSON, J. N. D. "The Resurrection of Christ", in: *Christianity Today* (29 March 1968).

[13] LATOURETTE, Kenneth Scott *A History of Christianity*. New York: Harper & Brothers Publishers, 1937, 1:59.

[14] WRIGHT, N. T. *Jesus: The Search Continues*. A transcrição deste vídeo [em inglês] pode ser encontrada no *site* do Ankerberg Theological Research Institute: < http://www.ankerberg.com/PDF-Articles/JREB%20-%20 Jesus%20the%20Search%20Continues.pdf> . Acesso em: 20 fev. 2012.

Seriam esses homens, que ajudaram a transformar a estrutura moral da sociedade, completos mentirosos arrematados, ou loucos iludidos? Tais alternativas são mais difíceis de crer do que o fato da ressurreição, e não existe nenhum fragmento de evidência que as sustente.[15]

> A maioria dos discípulos foi executada de forma terrível. Para quê? Por boas intenções? Não. Porque eles estavam convictos, sem a mínima dúvida, de que tinham visto Jesus Cristo vivo depois de sua morte.

A firmeza dos apóstolos diante da morte não pode ser ignorada. De acordo com a *Enciclopédia Britânica*, o filósofo Orígenes documentou que Pedro foi crucificado de cabeça para baixo. O historiador eclesiástico Herbert B. Workman descreve a morte do apóstolo:

Assim, como nosso Senhor havia profetizado, Pedro foi "cingido" por outro e "levado por outros" para morrer no Caminho Aureliano, a um lugar próximo dos jardins de Nero na colina vaticana, onde tantos dos irmãos já haviam sofrido morte cruel. Conforme seu próprio pedido, ele foi crucificado de cabeça para baixo, sendo indigno de sofrer de modo igual a seu Mestre.[16]

Harold Mattingly, professor emérito na Universidade de Leeds, escreve em seu texto histórico: "Os apóstolos São Pedro e

---

[15] LITTLE, Paul. *Know Why You Believe*. Wheaton, IL: Scripture Press, 1971, p. 63.
[16] WORKMAN, Herbert B. *The Martyrs of the Early Church*. London: Charles H. Kelly, 1913, p. 18-19.

São Paulo selaram com seu sangue os seus testemunhos".[17] Tertuliano registra que "nenhum homem estaria disposto a morrer se não tivesse certeza de que possuía a verdade".[18] O professor de Direito da Universidade de Harvard, Simon Greenleaf, que por muitos anos fez palestras sobre como fazer uma testemunha "quebrar" e determinar se ela estaria mentindo, conclui:

> Os anais de guerras militares quase não oferecem exemplos de constância heroica, paciência e inabalável coragem. Eles tinham todos os motivos possíveis para rever com cuidado as bases de sua fé, bem como as evidências dos grandes fatos e verdades que asseveraram.[19]

O professor de história Lynn Gardner com acerto pergunta:

> Por que iriam eles morrer por aquilo que sabiam ser mentira? Uma pessoa pode até estar enganada e morrer por uma falsidade, mas os apóstolos tinham condições de conhecer os fatos quanto à ressurreição de Jesus, e assim mesmo, morreram por isso.[20]

Tom Anderson, ex-presidente da Associação de Advogados de Tribunais da Califórnia, declara:

---

[17] MATTINGLY, Harold. *Roman Imperial Civilization*. London: Edward Arnold Publishers, 1967, p. 226.
[18] TERTULIANO, citado por FOOTE, Gaston. *The Transformation of the Twelve*. Nashville: Abington, 1958, p. 12.
[19] GREENLEAF, Simon. *An Examination of the Testimony of the Four Evangelists by the Rules of Evidence Administered in the Courts of Justice*. Grand Rapids, MI: Baker, 1965, p. 29.
[20] GARDNER, Lynn. *Christianity Stands True*. Joplin, MO: College Press, 1994, p. 30.

MAIS QUE UM CARPINTEIRO

Presumamos que os relatos escritos das aparições a centenas de pessoas fossem falsos. Quero fazer uma pergunta. Com um acontecimento tão alardeado, você não acha razoável que um historiador, uma testemunha ocular, um antagônico tivesse documentado para todos os tempos ter visto o corpo de Cristo?... O silêncio da História é ensurdecedor quando se trata de testemunho contra a ressurreição.[21]

> "O silêncio da história é ensurdecedor quando se trata de testemunho contra a ressurreição."
>
> Tom Anderson

J. P. Moreland ressalta: "Nenhum historiador que eu conheça duvida que o cristianismo tenha começado em Jerusalém poucas semanas após a morte de Jesus, na presença de testemunhas oculares amigas, bem como de testemunhas oculares hostis".[22] Além disso, William Lane Craig, professor pesquisador de Filosofia na Escola de Teologia Talbot, conclui:

> **O que você pensa?**
> *Quanta credibilidade merecem os discípulos por terem oferecido a própria vida em confirmação de sua fé? Poderiam ter feito alguma outra coisa para mostrar sua sinceridade?*

O lugar do túmulo de Jesus era conhecido igualmente por cristãos e judeus. Assim, se não estivesse vazio, seria impossível um movimento fundado sobre a crença na ressurreição ter surgido na mesma cidade onde este homem fora executado e enterrado publicamente.[23]

---

[21] Correspondência pessoal de Tom Anderson, 6 de janeiro de 2003.
[22] MORELAND, J. P. *Scaling the Secular City*. Grand Rapids, MI: Baker, 1987, p. 137.
[23] CRAIG, William Lane, citado por STROBEL, Lee. *The Case for Christ*, p. 220.

Os apóstolos passaram pela prova da morte para substanciar a veracidade do que proclamavam. Creio que posso confiar no testemunho dele mais do que no da maioria das pessoas que conheço hoje. Entristeço-me quando encontro tantas pessoas que não têm convicção suficiente em sua vida nem mesmo para atravessar a rua por aquilo que creem, quanto menos morrer por isso.

8

De que vale um Messias morto?

Muita gente já morreu por causas nas quais acreditava. Nos anos 1960, muitos budistas se incendiaram até a morte a fim de chamar a atenção do mundo para as injustiças no sudeste asiático. No início da década de 1970, um estudante de San Diego, na Califórnia, morreu queimado protestando contra a guerra no Vietnã. Em setembro de 2001, vários extremistas muçulmanos sequestraram aviões e os lançaram contra as torres do World Trade Center e o Pentágono americano para prejudicar uma nação que eles consideram inimiga de sua religião.

Os apóstolos pensaram possuir uma boa causa pela qual morrer, mas ficaram atônitos e desiludidos quando a boa causa morreu sobre a cruz. Achavam que Jesus era o Messias. Não imaginavam que Ele pudesse morrer. Estavam convencidos que Ele estabeleceria o Reino de Deus e governaria sobre Israel. A morte de Jesus despedaçou todos os seus sonhos.

Para entender a relação dos apóstolos com Cristo e a razão pela qual a cruz lhes era tão incompreensível, precisamos entender a atitude nacional sobre o Messias na época de Cristo.

DE QUE VALE UM MESSIAS MORTO?

Sua vida e seus ensinos estavam em tremendo conflito com o entendimento judaico da época a respeito do Messias. Desde a infância, todo judeu aprendia que, quando o Messias viesse, Ele seria um líder político vitorioso. Libertaria os judeus da escravidão dos romanos e restauraria Israel a seu lugar de direito como nação independente, que brilharia como farol para o mundo todo. Um Messias sofredor era "completamente fora e estranho ao conceito messiânico judaico".[1]

O professor E. F. Scott, do Seminário Teológico Union, relata o clima de expectação no tempo de Cristo:

> Era um período de grande empolgação. Os líderes religiosos achavam quase impossível refrear o ardor do povo, que esperava em todo lugar o surgimento do Libertador prometido. Esse ambiente de expectativa, sem dúvida, foi aumentado por eventos históricos recentes.
>
> Durante mais de uma geração passada, os romanos desrespeitavam a liberdade dos judeus, e suas medidas repressivas despertaram o espírito de patriotismo para uma vida mais violenta. O sonho de uma libertação milagrosa, e de um rei messiânico que a efetuasse, assumiu novo significado nessa época, mas em si mesmo não era novidade. Por trás da fomentação que

---

O que você pensa?

Você já ouviu falar de alguém com complexo de messias? Pode explicar o que isso quer dizer? Como o comportamento de Jesus era diferente do que as pessoas esperam de um Messias?

---

[1] *Encyclopedia International.* New York: Grolier, 1972, 4:407.

se evidencia nos evangelhos, podemos discernir um longo período de crescente antecipação.

Para o povo em geral, o Messias permanecia o que tinha sido para Isaías e seus contemporâneos – o Filho de Davi que traria vitória e prosperidade à nação judaica. À luz das referências nos evangelhos, não se pode duvidar que o conceito popular de Messias era nacional e político.[2]

O estudioso judeu Joseph Klausner escreve: "O Messias se torna cada vez mais não apenas um governador político ilustre como também homem de proeminentes qualidades morais".[3]

Jacob Gartenhaus, fundador da Agência Internacional de Missões Judaicas, reflete sobre as crenças que prevaleciam entre os judeus no tempo de Cristo: "Os judeus aguardavam o Messias como quem os libertaria da opressão romana... A esperança messiânica era basicamente de libertação nacional".[4]

A *Enciclopédia Judaica* declara que os judeus

ansiavam pelo libertador prometido da casa de Davi, que os livraria do odiado usurpador estrangeiro, dando um fim ao governo romano impiedoso e estabelecendo no lugar seu próprio governo de paz e justiça.[5]

---

[2] SCOTT, Ernest Findlay. *Kingdom and the Messiah*. Edinburgh: T. & T. Clark, 1911, p. 55.

[3] KLAUSNER, Joseph. *The Messianic Idea in Israel*. New York: Macmillan, 1955, p. 23.

[4] GARTENHAUS, Jacob. "The Jewish Conception of the Messiah", *Christianity Today* (13 March 1970): 8-10.

[5] *Jewish Encyclopedia*. New York: Funk and Wagnalls, 1906, 8:508.

DE QUE VALE UM MESSIAS MORTO?

Naquela época, os judeus se refugiavam na promessa do Messias. Os apóstolos tinham a mesma fé que o povo a seu redor. Como diz Millar Borrows, da Escola de Divindade da Universidade de Yale: "Jesus era tão diferente daquilo que os judeus esperavam do Filho de Davi, que seus próprios discípulos tiveram dificuldade de relacionar a Ele a ideia do Messias".[6]

Os discípulos não apreciaram as graves predições de Jesus sobre ser crucificado (v. Lucas 9:22). A. B. Bruce, professor escocês de Novo Testamento, observa:

> "Jesus era tão diferente daquilo que os judeus esperavam do Filho de Davi, que seus próprios discípulos tiveram dificuldade de relacionar a Ele a ideia do Messias."
>
> Millar Burrows

> Parece que havia a esperança de que ele tivesse tido uma visão demasiadamente sombria da situação, e de que suas apreensões seriam infundadas... um Cristo crucificado era escândalo e contradição para os apóstolos, assim como continuaria sendo para a maioria do povo judeu depois que nosso Senhor ascendeu à sua glória.[7]

Alfred Edersheim, outrora docente de Grinfield sobre a Septuaginta na Universidade de Oxford, está correto ao concluir que "a coisa mais contrária ao que Ele era foi a sua época".[8]

---

[6] BORROWS, Millar. *More Light on the Dead Sea Scrolls*. London: Secker & Warbug, 1958, p. 68.
[7] BRUCE, A. B. *The Training of the Twelve*. Grand Rapids, MI: Kregel, 1971, p. 177.
[8] EDERSHEIM, Alfred. *Sketches of Jewish Social Life in the Days of Christ*. Grand Rapids, MI: Eerdmans, 1960, p. 29.

MAIS QUE UM CARPINTEIRO

A realidade da pessoa de Jesus estava em total desacordo com as expectativas dos dias em que Ele viveu.

Observamos facilmente no Novo Testamento a atitude dos apóstolos para com Cristo. Tudo a seu redor correspondia às suas expectativas sobre um Messias que governaria. Depois que Jesus lhes disse que iria a Jerusalém para padecer, Tiago e João ignoraram a predição tenebrosa e pediram que o Mestre lhes prometesse que, quando entrasse em seu reino, eles se sentariam à sua direita e à sua esquerda (v. Marcos 10:32-38). Em que espécie de Messias estariam eles pensando? – um Messias sofredor, crucificado? Não. Eles viam Jesus como um governante político. Jesus lhes mostrou que haviam entendido errado o que Ele faria; não sabiam o que estavam pedindo. Quando Jesus disse explicitamente que iria sofrer e ser crucificado, a ideia era-lhes de tal forma estranha que não conseguiam entender o que Ele lhes dizia (v. Lucas 18:31-34). Devido a suas origens e sua educação nas expectativas messiânicas gerais, os discípulos pensavam que lucrariam alguma coisa boa. Então veio o Calvário. Todas as esperanças de que Jesus fosse o Messias morreram na cruz. Voltaram para casa desanimados porque todos aqueles anos com Jesus haviam sido desperdiçados.

> **O que você pensa?**
> *Algumas de suas ideias sobre quem era Jesus foram destruídas? Confirmadas? Por que você acha que os discípulos tiveram tanta dificuldade em saber exatamente quem Ele era?*

George Eldon Ladd, ex-professor de Novo Testamento no Seminário Teológico Fuller, escreve:

> Por essa razão, os seus discípulos o abandonaram quando Ele [Jesus] foi preso. A mente deles estava de tal forma imbuída

DE QUE VALE UM MESSIAS MORTO?

da ideia de um Messias vencedor, cujo papel seria o de subjugar os inimigos, que, quando o viram quebrantado e sangrando sob o açoite, prisioneiro, sem recursos, nas mãos de Pilatos, e quando o viram sendo levado embora, pregado em uma cruz para morrer como criminoso, todas as suas esperanças messiânicas foram despedaçadas. É real o fato psicológico de que ouvimos apenas quando estamos preparados para ouvir. As previsões de Jesus sobre seu sofrimento e sua morte caíram em ouvidos surdos. Apesar dos avisos de Jesus, os discípulos estavam despreparados para o que viria.[9]

No entanto, poucas semanas após a crucificação, a despeito das primeiras dúvidas, os discípulos são encontrados em Jerusalém proclamando Jesus como Salvador, Senhor e Messias dos judeus. A única explicação razoável para tal mudança está no que leio em 1Coríntios 15:5: *E apareceu a Cefas, e depois aos Doze*. O que mais poderia transformar discípulos desacorçoados a ponto de saírem para sofrer e morrer por um Messias crucificado? *Depois de ter sofrido, [Jesus] apresentou-se vivo também a eles, com muitas provas incontentáveis, aparecendo-lhes por*

> O patriotismo nacional dos judeus os havia levado a procurar um Messias que salvasse a sua nação. Em vez disso, o Messias veio para salvar o mundo. Aquele que veio não salvaria apenas uma nação da opressão política, mas toda a humanidade das consequências eternas do pecado.

[9] LADD, George Eldon. *I Believe in the Ressurrection of Jesus*. Grand Rapids, MI: Eerdmans, 1975, p. 38.

quarenta dias e falando das coisas referentes ao reino de Deus (Atos 1:3).

Esses homens aprenderam a verdade sobre a identidade de Jesus como Messias. Os judeus haviam entendido errado. Seu patriotismo nacional os havia levado a procurar um Messias que salvasse a sua nação. Em vez disso, o Messias veio para salvar o mundo. Aquele que veio não salvaria apenas uma nação da opressão política, mas toda a humanidade das consequências eternas do pecado. A visão dos apóstolos tinha sido pequena demais. De repente, eles enxergaram a verdade maior.

> **O que você pensa?**
>
> *Você já teve as suas expectativas radicalmente destruídas? Como você acha que os discípulos se sentiram quando perceberam que Jesus era o Messias ressurreto?*

Sim, muitas pessoas morreram por uma boa causa, mas a boa causa dos apóstolos havia morrido sobre a cruz. Pelo menos foi isso o que eles pensaram a princípio. Só após o contato com Cristo depois da ressurreição é que aqueles homens se convenceram de que Ele era realmente o Messias. Para isso, testemunharam não somente com os lábios e a vida, mas também com a própria morte.

9

Você soube o que aconteceu com Saulo?

Jack, um amigo cristão que tem falado em muitas universidades, chegou ao *campus* certa manhã e descobriu que os estudantes haviam organizado um debate público com o "ateu da universidade". Seu oponente era um persuasivo professor de filosofia, extremamente antagônico ao cristianismo. Jack falaria primeiro. Ele discorreu sobre diversas provas da ressurreição de Jesus, assim como sobre a conversão do apóstolo Paulo, e então deu seu testemunho pessoal sobre como Cristo transformou sua vida quando ele era um estudante universitário.

Ao subir para falar, o professor parecia bastante nervoso. Não podia refutar a evidência da ressurreição nem o testemunho pessoal de Jack, então atacou a conversão radical de Paulo ao cristianismo. Usou o argumento de que "as pessoas muitas vezes se envolvem psicologicamente de tal forma naquilo que combatem, que acabam por abraçá-lo".

Meu amigo sorriu gentilmente e respondeu: – É melhor o senhor tomar cuidado, ou será bem capaz de se tornar cristão.

A história do apóstolo Paulo é um dos testemunhos mais influentes do cristianismo. Saulo de Tarso, talvez o mais fanático antagonista do cristianismo primitivo, tornou-se apóstolo Paulo, o mais enérgico e influente porta-voz do novo movimento. Paulo era um hebreu zeloso, um líder religioso. Seu nascimento em Tarso deu-lhe acesso ao ensino mais avançado da época. Tarso era uma cidade universitária conhecida por seus filósofos e cultura estoicos. Estrabo, geógrafo grego, louvava Tarso por seu ávido interesse na educação e na filosofia.[1]

> **O que você pensa?**
>
> *O apóstolo Paulo reverteu completamente a sua crença sobre Jesus após experimentar um encontro com Ele que transformou sua vida. Você já viu transformação semelhante em alguém? Já experimentou tal transformação?*

Tal como seu pai, Paulo possuía cidadania romana – um alto privilégio. Parece que era bem versado na cultura e no pensamento helênicos, falando fluentemente o grego e demonstrando soberba habilidade dialética. Frequentemente citava poetas e filósofos menos conhecidos. Em um de seus sermões, Paulo faz alusão a Epimênides, Aratus e Cleantes: *Pois nele vivemos, nos movemos e existimos, como também alguns dos vossos poetas disseram: Pois dele também somos geração* (Atos 17:28). Em uma carta, Paulo cita Menander: *Não vos enganeis. As más companhias corrompem os bons costumes* (1Coríntios 15:33). Mais tarde, em carta a Tito, mais uma vez Paulo se refere Epimênides: *Um dos seus próprios profetas disse: Os cretenses são sempre mentirosos, animais ferozes, glutões preguiçosos* (Tito 1:12).

---

[1] *Encyclopaedia Britannica*, confira o verbete "Paul, Saint".

VOCÊ SOUBE O QUE ACONTECEU COM SAULO?

A educação de Paulo foi israelita e ocorreu sob as rígidas doutrinas dos fariseus. Por volta de quatorze anos de idade, Paulo foi enviado para estudar sob orientação de Gamaliel, neto de Hilel, e um dos grandes rabinos de sua época. Paulo afirmou que não era apenas fariseu, mas também filho de fariseu (v. Atos 23:6). Podia jactar-se: *E no judaísmo eu ultrapassava a muitos da minha idade entre meu povo, sendo extremamente zeloso das tradições de meus antepassados* (Gálatas 1:14).

Para entender a conversão de Paulo, é necessário entender por que ele era tão veemente anticristão. Sua dedicação à lei judaica lhe provocou ardente oposição a Cristo e à igreja em seus primórdios. A "ofensa de Paulo à mensagem cristã não era", como escreve o teólogo francês Jacques Dupont,

> com relação à afirmativa de que Jesus era Messias, [mas]... à atribuição a Jesus de um papel salvador que roubava da lei todo seu valor no propósito da salvação... Paulo era violentamente hostil à fé cristã devido à importância que ele dava à lei como o caminho de salvação.[2]

A *Enciclopédia Britânica* declara que os membros da nova seita do judaísmo, chamados de cristãos, contradiziam a essência da educação teológica e dos estudos rabínicos de Paulo.[3] Ele se apaixonou por exterminar essa seita (v. Gálatas 1:13).

---

[2] DUPONT, Jacques. "The Conversion of Paul and Its Influence on His Understanding of Salvation by Faith", *Apostolic History and the Gospel*, org. por GASQUE, W. Ward; MARTIN, Ralph P. Grand Rapids, MI: Eerdmans, 1970, p. 177.

[3] *Encyclopaedia Britannica*, confira o verbete "Paul, Saint".

MAIS QUE UM CARPINTEIRO

E, assim, Paulo começou sua perseguição para matar todos os cristãos (v. Atos 26:9-11). Estava obcecado em destruir a igreja (v. Atos 8:3). Dirigiu-se a Damasco portando documentos que o autorizavam a prender os seguidores de Jesus e levá-los para enfrentar julgamento.

Então, algo aconteceu com Paulo.

Saulo, porém, ainda respirando ameaças e morte contra os discípulos do Senhor, dirigiu-se ao sumo sacerdote e pediu--lhe cartas para as sinagogas de Damasco, a fim de que, caso encontrasse alguns do Caminho, tanto homens como mulheres, os conduzisse presos a Jerusalém.

Mas, seguindo ele viagem aproximando-se de Damasco, de repente, uma luz resplandecente, vinda do céu, o cercou. E, caindo por terra, ouviu uma voz que lhe dizia: Saulo, Saulo, por que me persegues?

Ele perguntou: Quem és tu, Senhor? O Senhor respondeu: Eu sou Jesus, a quem persegues; mas levanta-te e entra na cidade; lá te será dito o que precisas fazer.

Os homens que viajavam com ele, ouvindo a voz, caíram emudecidos, mas não viram ninguém.

Saulo levantou-se do chão e, abrindo os olhos, não enxergava coisa alguma; então, guiado pela mão, foi conduzido a Damasco.

E ficou três dias sem enxergar, sem comer nem beber.

Havia em Damasco certo discípulo chamado Ananias. O Senhor lhe disse numa visão: Ananias! Ele respondeu: Aqui estou, Senhor.

O Senhor lhe ordenou: Levanta-te, vai à rua chamada Direita e procura na casa de Judas um homem de Tarso chamado

VOCÊ SOUBE O QUE ACONTECEU COM SAULO?

Saulo. Ele está orando agora e viu, numa visão, um homem chamado Ananias entrar e impor-lhe as mãos, para que recuperasse a vista . (Atos 9:1-12)

Quando continuamos a ler, entendemos por que os cristãos tinham tanto medo de Paulo.

Ananias respondeu: Senhor, ouvi de muitos acerca desse homem, quantos males tem feito aos teus santos em Jerusalém; e aqui está autorizado pelos principais sacerdotes para prender todos os que invocam o teu nome.

Mas, o Senhor lhe disse: Vai, porque ele é para mim um instrumento escolhido para levar o meu nome perante os gentios, reis e israelitas; pois eu lhe mostrarei quanto lhe é necessário sofrer pelo meu nome.

Ananias foi e entrou na casa e, impondo-lhe as mãos, disse: Saulo, irmão, o Senhor Jesus, que te apareceu no caminho por onde vinhas, enviou-me para que voltes a enxergar e fiques cheio do Espírito Santo.

Logo caíram-lhe dos olhos algo como umas escamas, e ele recuperou a vista. Então, levantando-se, foi batizado.

E, tendo-se alimentado, fortaleceu-se. Saulo permaneceu alguns dias com os discípulos que estavam em Damasco (Atos 9:13-19).

> Os membros da nova seita do judaísmo, chamados de cristãos, contradiziam a essência da educação teológica e dos estudos rabínicos de Paulo. Ele se apaixonou por exterminar essa seita.

MAIS QUE UM CARPINTEIRO

Como resultado desta experiência, Paulo se considerou testemunha da ressurreição de Cristo. Mais tarde escreveu: *Não sou eu livre? Não sou eu apóstolo? Não vi Jesus, nosso Senhor? Não sois vós resultado do meu trabalho no Senhor?* (1Coríntios 9:1)... Comparou-se a outras testemunhas do Cristo ressurreto, como aos outros apóstolos que viram Jesus após sua ressurreição: *E, depois de todos, apareceu também a mim, como a um nascido fora do tempo certo* (1Coríntios 15:8).

Paulo não somente viu Jesus, como também o viu de modo irresistível. Não proclamou o evangelho por escolha, mas por obrigação: *Mas, se anuncio o evangelho, não tenho de que me gloriar, pois tal obrigação me é imposta. E ai de mim, se não anunciar o evangelho!* (1Coríntios 9:16).

> **O que você pensa?**
>
> *Por que conversão do apóstolo Paulo teve de ser tão dramática? Como o plano de Deus para a vida de Paulo era diferente do plano que Paulo tinha para sua vida?*

Observe que o encontro de Paulo com Jesus e sua subsequente conversão foram repentinos e inesperados: *de repente, do céu, brilhou uma intensa luz ao meu redor* (Atos 22:6). Ele não tinha ideia de quem seria aquele ser celestial. Quando a voz anunciou que era Jesus de Nazaré, Paulo ficou atônito e começou a tremer.

Talvez não conheçamos todos os detalhes ou toda a psicologia daquilo que aconteceu com Paulo no caminho de Damasco, mas sabemos com certeza de uma coisa: essa experiência representou uma reviravolta completa em todas as áreas de sua vida.

Primeiro, o caráter de Paulo foi transformado radicalmente. A *Enciclopédia Britânica* descreve Paulo antes da conversão como

VOCÊ SOUBE O QUE ACONTECEU COM SAULO?

intolerante, amargo, um fanático religioso – orgulhoso e temperamental. Após a conversão, temos o retrato de um homem paciente, bondoso, tolerante, abnegado.[4] Kenneth Scott Latourette diz: "O que integrou a vida de Paulo, substituindo esse temperamento quase neurótico da obscuridade por uma influência permanente, foi uma experiência religiosa profunda e revolucionária".[5]

Segundo, o relacionamento de Paulo com os seguidores de Jesus foi transformado. Eles não tinham mais medo do apóstolo. Paulo *permaneceu alguns dias com os discípulos que estavam em Damasco* (Atos 9:19). E quando foi encontrar-se com outros apóstolos, eles o aceitaram (Atos 9:27-28).

Terceiro, a mensagem de Paulo foi transformada. Embora ele ainda amasse sua herança judaica, deixou de ser um antagonista amargurado e se tornou um determinado protagonista da fé cristã. *E logo passou a pregar Jesus nas sinagogas, dizendo ser Ele o Filho de Deus* (Atos 9:20). Suas convicções intelectuais mudaram. Sua experiência o compeliu a reconhecer que Jesus era o Messias, em conflito direto com as ideias messiânicas dos fariseus. A sua nova perspectiva quanto a Cristo significava uma revolução total de seu pensamento.[6] Jacques Dupont observa com acuidade que, depois que Paulo "negara apaixonadamente que um homem crucificado pudesse ser o Messias, concedeu que Jesus realmente era o Messias, e consequentemente, repensou todos os seus ideais messiânicos".[7]

---

[4] Ibid.

[5] LATOURETTE, Kenneth Scott. *A History of Christianity.* New York: Harper & Row, 1953, p. 76.

[6] SPARROW-SIMPSON, W. J. *The Ressurrection and the Christian Faith.* Grand Rapids, MI: Zondervan Publishing House, 1968, p. 185-186.

[7] DUPONT, Jacques. "The Conversion of Paul and Its Influence on His Understanding of Salvation by Faith", p. 76.

MAIS QUE UM CARPINTEIRO

Além disso, Paulo agora podia compreender que a morte de Cristo sobre a cruz, que lhe parecera maldição de Deus e um deplorável fim de vida, era, na verdade, Deus reconciliando consigo o mundo por meio de Cristo. Paulo passou a entender que, por meio da crucificação, Cristo tomou sobre si a maldição do pecado por nós (v. Gálatas 3:13) e *daquele que não tinha pecado Deus fez um sacrifício pelo pecado em nosso favor, para que nele fôssemos feitos justiça de Deus* (2Coríntios 5:21). Em vez de ver a morte de Cristo como derrota, ele a viu como grande vitória, completada pela ressurreição. A cruz não era mais uma pedra de tropeço, mas a essência da redenção messiânica de Deus. A pregação missionária de Paulo pode ser resumida da seguinte forma: *explicando e demonstrando que era necessário que o Cristo sofresse e ressuscitasse dentre os mortos. E dizia: Este Jesus que eu vos anuncio é o Cristo* (Atos 17:3).

> Talvez não conheçamos todos os detalhes ou toda a psicologia daquilo que aconteceu com Paulo no caminho de Damasco, mas sabemos com certeza de uma coisa: Essa experiência representou uma reviravolta completa em todas as áreas de sua vida.

Quarto, a missão de Paulo foi transformada. Ele foi transformado de um inimigo dos gentios em missionário entre eles. Mudou de zelote judaico para evangelista de não judeus. Por ser judeu e fariseu, Paulo desprezava os gentios como sendo inferiores ao povo escolhido de Deus. A experiência de Damasco o transformou em um dedicado apóstolo, que tinha como missão de vida ajudar os gentios. Paulo viu que o Cristo que lhe aparecera no caminho de Damasco era, na verdade, Salvador de todos os povos. Paulo passou de fariseu ortodoxo, cuja missão era preservar o judaísmo, a propagador dessa nova seita radical chamada de cristianismo, a que ele tão fortemente se opusera. A mudança foi tão profunda que:

> *Todos os seus ouvintes admiravam-se e diziam: Não é este que, em Jerusalém, perseguia os que invocam esse nome? Ele não veio para cá a fim de levá-los presos aos principais sacerdotes? Saulo, porém, fortalecia-se cada vez mais e confundia os judeus que habitavam em Damasco, provando que Jesus era o Cristo* (Atos 9:21-22).

Em vez de ver a morte de Cristo como derrota, ele a viu como grande vitória, completada pela ressurreição. A cruz não era mais uma pedra de tropeço, mas a essência da redenção messiânica de Deus.

O historiador Philip Schaff declara:

A conversão de Paulo marca não somente um ponto de virada em sua história pessoal como também uma importante época na história da igreja apostólica e, consequentemente, na história da humanidade. Foi o evento mais frutífero depois do milagre de Pentecostes e assegurou a vitória universal do cristianismo.[8]

Certo dia, na hora de almoço na Universidade de Houston, sentei-me ao lado de um aluno. Enquanto falávamos sobre o cristianismo, ele declarou que não existiam evidências históricas para o cristianismo ou Cristo. Perguntei-lhe por que ele

---

[8] SCHAFF, Philip. *History of the Christian Church*. Grand Rapids, MI: Eerdmans, 1910, 1:296.

MAIS QUE UM CARPINTEIRO

achava isso. Ele cursava História e um de seus livros de estudo sobre história romana continha um capítulo a respeito do apóstolo Paulo e do cristianismo. Ao ler o capítulo, o aluno notou que ele começara descrevendo a vida de Saulo de Tarso e acabava descrevendo a vida de Paulo, o apóstolo. O livro afirmava que não ficara claro o que causou a mudança. Voltei ao livro de Atos e expliquei que Cristo apareceu a Paulo após a ressurreição. O estudante viu imediatamente que esta era a explicação mais lógica para a conversão radical de Paulo. Faltava esse pedaço de evidência para que as peças se encaixassem para aquele jovem. Mais tarde, ele se tornou cristão.

Elias Andrews, ex-diretor da Faculdade Teológica de Queens, comenta:

> Muitos encontram na transformação radical desse "fariseu dos fariseus" a evidência mais convincente da verdade e do poder da religião à qual ele se converteu, e o valor final e o lugar da pessoa de Cristo.[9]

Archibald McBride, ex-professor na Universidade de Aberdeen, escreve sobre Paulo: "Ao lado das suas realizações... as realizações de Alexandre e de Nero empalidecem e se tornam insignificantes".[10] O estudioso do cristianismo primitivo Clemente de Alexandria diz a respeito de Paulo: "Foi acorrentado sete vezes; pregou o evangelho no Oriente e no Ocidente; chegou aos limites do Ocidente e morreu como mártir sob os governantes".[11]

---

[9] *Enciclopedia Britânica.* Confira o verbete "São Paulo".
[10] McBRIDE, Archibald, citado em *Chamber's Encyclopedia.* London: Pergamon Press, 1966: 10:516.
[11] CLEMENTE, citado por SCHAFF, Philip. *History of the Apostolic Church.* New York: Charles Scribner, 1857, p. 340.

VOCÊ SOUBE O QUE ACONTECEU COM SAULO?

Repetidas vezes, Paulo declara que o Jesus ressurreto e vivo havia transformado sua vida. Estava de tal forma convencido da ressurreição de Cristo que também sofreu a morte de martírio por sua fé.

Dois amigos formados em Oxford, o autor Gilbert West e o estadista Lord George Lyttleton, estavam decididos a destruir a base da fé cristã. West demonstraria a falácia da ressurreição e Lyttleton pretendia provar que Saulo de Tarso jamais se convertera ao cristianismo. Os dois homens chegaram a uma reviravolta completa em suas posições, tornando-se ardentes seguidores de Jesus. Lord Lyttleton escreve: "A conversão e o apostolado de São Paulo, sozinhos, devidamente considerados, são demonstrações suficientes para provar o cristianismo como revelação divina".[12] Ele conclui que, se os 25 anos de sofrimento e serviço de Paulo por Cristo fossem realidade, sua conversão também era real, pois todos os seus feitos começaram com essa mudança repentina. E, se a conversão de Paulo era verdadeira, então Jesus Cristo ressuscitou da morte, pois tudo o que Paulo era e fez, ele atribuiu a ter sido testemunha da ressurreição de Cristo.

> **O que você pensa?**
> *Em seus dias, Paulo tinha o status de celebridade – as pessoas sabiam quem ele era. Hoje, quando uma celebridade se torna cristã, qual a reação inicial da maioria das pessoas? Será que cristãos em grande evidência deveriam ser considerados por um padrão diferente?*

---

[12] LYTTLETON, George. *The Conversion of St. Paul*. New York: American Tract Society, 1929, p. 467.

10

Alguém pode deter um homem bom?

Um estudante da Universidade do Uruguai perguntou-me:
– Professor McDowell, por que o senhor não encontrou uma maneira de refutar o cristianismo?

Respondi: – Por uma simples razão. Não posso rejeitar o fato de que a ressurreição de Jesus Cristo foi um evento real na história.

Após gastar mais de setecentas horas estudando esse assunto e investigando completamente seus fundamentos, concluí: ou a ressurreição de Jesus Cristo seria um dos embustes mais cruéis, maldosos e vis impingidos sobre a humanidade, ou seria o fato mais importante na história humana

A ressurreição tira a pergunta "O cristianismo é válido?" do âmbito da filosofia e a torna uma questão histórica. O cristianismo possui sólida base histórica? Existe evidência suficiente para garantir a crença na ressurreição?

Eis algumas questões e afirmativas relevantes à pergunta: Jesus de Nazaré, profeta judeu que dizia ser o Cristo profetizado pelas Escrituras judaicas, foi preso, julgado como criminoso político e crucificado. Três dias após sua morte e seu sepultamento, algumas mulheres foram ao túmulo e o encontraram vazio. Os discípulos de Cristo disseram que Deus o havia ressuscitado da morte e que Jesus lhes aparecera muitas vezes antes de ascender ao céu.

A partir deste fundamento, o cristianismo se espalhou por todo o império romano e continua exercendo grande influência em todo o mundo, ao longo de todos os séculos que seguiram.

A grande pergunta é: a ressurreição realmente aconteceu?

A MORTE E O SEPULTAMENTO DE JESUS

Depois de ser condenado à morte, Jesus foi despido de sua roupa e açoitado, conforme o costume romano, antes de ser crucificado.

Alexander Metherell, doutor em Medicina pela Universidade de Miami e em Engenharia pela Universidade de Bristol, na Inglaterra, fez um exame detalhado do açoitamento de Cristo nas mãos dos romanos. Ele explica o processo:

> Ou a ressurreição de Jesus Cristo seria um dos embustes mais cruéis, maldosos e vis impingidos sobre a humanidade, ou então seria o fato mais importante na história humana.

> Os soldados usavam um chicote de couro trançado com bolas de metal entrelaçadas nas tiras. Quando o chicote batia contra a carne, essas bolas causavam profundos ferimentos ou contusões, que rompiam com mais açoites. O chicote tinha também pedaços de estilhaços de osso que cortavam profundamente a carne.

> As costas ficavam tão retalhadas que, às vezes, parte da espinha ficava exposta pelos profundíssimos cortes. A fustigação

MAIS QUE UM CARPINTEIRO

teria passado dos ombros por todas as costas, pelas nádegas e pela parte de trás das pernas. Era simplesmente terrível.

Um médico que estudou os açoites romanos disse: "À medida que continuavam as chicotadas, as lacerações rompiam os músculos do esqueleto e produziam faixas de carne ensangrentada". Um historiador do terceiro século, de nome Eusébio, descreveu os açoites dizendo: "As veias do sofredor ficavam descobertas, e os próprios músculos, tendões e entranhas da vítima eram abertos e expostos".

Sabemos que muitas pessoas morriam devido a essa espécie de flagelação antes mesmo de serem crucificadas. No mínimo, a vítima experimentava tremenda dor e entrava em choque hipovolêmico.[1]

Dada a brutalidade dos açoites, como também a subsequente crucificação, é historicamente certo que Jesus morreu. Até os membros do radical *Jesus Seminar,* popular nos anos 1990, aceitaram a morte de Jesus. É por isso que John Dominic Crossan afirmou que "a morte de Jesus por crucificação é tão certa quanto qualquer fato histórico pode ser".[2]

Conforme os costumes de sepultamento judaico, o corpo de Jesus foi então envolvido em pano de linho. Cerca de 35 quilos de especiarias aromáticas, misturadas para formar uma substância viscosa, foram aplicadas sobre o tecido que envolvia o corpo (v. João 19:39-40). Depois que o corpo foi colocado dentro de

---

[1] METHERELL, Alexander, citado por STROBEL, Lee. *The Case for Christ.* Grand Rapids, MI: Zondervan, 1998, p. 195-96. (N. R.: Hipovolemia é a diminuição anormal do volume do sangue em um indivíduo).

[2] CROSSAN, John Dominic. *Jesus: A Revolutionary Biography.* New York: HarperOne, 1995, p. 145.

ALGUÉM PODE DETER UM HOMEM BOM?

um túmulo de rocha sólida, uma pedra extremamente grande, pesando cerca de duas toneladas, foi rolada com o auxílio de alavancas e colocada contra a entrada (v. Mateus 27:60).

Uma guarda romana de homens estritamente disciplinados foi posta para vigiar o túmulo. Entre esses homens, o medo de ser punido "produzia atenção impecável ao dever, especialmente nas vigílias noturnas".[3] Essa guarda fixava o selo romano sobre o túmulo – um símbolo do poder e da autoridade do governo.[4] O selo tinha como intuito evitar a ação de vândalos. Quem tentasse mover a pedra da entrada do túmulo violaria o selo e estaria sujeito às penalidades da lei romana.

> **O que você pensa?**
>
> *Você já viu algum filme sobre Jesus que incluía sua morte e ressurreição, como* A Paixão de Cristo*? O que passou em sua mente quando você viu a tortura e a crucificação de Cristo? Você acha que Jesus merecia o que aconteceu com Ele?*

No entanto, apesar da guarda e do selo, o túmulo estava vazio.

O TÚMULO VAZIO

Os seguidores de Jesus disseram que Ele ressuscitou da morte. Reportaram que Ele lhes apareceu durante um período de quarenta dias, mostrando-se por muitas provas convincentes (algumas versões da Bíblia dizem "provas incontestáveis", como, por exemplo, Atos 1:3). O apóstolo Paulo disse que Jesus

---

[3] CURRIE, George. *The Military Discipline of the Romans from the Founding of the City to the Close of the Republic.* Abstrato de tese publicada sob auspício do Graduate Council of Indiana University, 1928, p. 41-43.

[4] ROBERTSON, A. T. *Word Pictures in the New Testament.* New York: R. R. Smith, 1931, p. 239.

MAIS QUE UM CARPINTEIRO

apareceu a mais de quinhentos de seus seguidores de uma só vez, a maioria dos quais ainda vivia na época em que ele escrevia a epístola e que poderiam comprovar seus escritos (v. 1Coríntios 15:3-8).

Arthur Michael Ramsay, ex-arcebispo de Canterbury, escreve: "Creio na ressurreição, em parte porque uma série de fatos é inexplicável sem ela".[5] O túmulo vazio foi "notório demais para ser negado".[6] Paul Althaus, teólogo alemão, declara que "a afirmativa sobre a ressurreição não teria se sustentado em Jerusalém nem por um único dia, por uma única hora, se o vazio do túmulo não se tivesse estabelecido como fato para todos os envolvidos".[7]

Paul L. Maier conclui:

> Se toda a evidência for pesada cuidadosamente e com justiça, é verdadeiramente correto, conforme os cânones da pesquisa histórica, concluir que o túmulo de Jesus estava realmente vazio... e não há a mínima evidência descoberta em fontes literárias, epigráficas ou arqueológicas que desaprove tal declaração.[8]

Como explicar o túmulo vazio?

[5] RAMSEY, Arthur Michael. *God, Christ and the World*. London: SCM Press, 1969, p. 78-80.
[6] HASTINGS, James (org.). *Dictionary of the Apostolic Church*. New York: C. Scribner's Sons, 1916: 2:340.
[7] ALTHAUS, Paul, citado por PANNENBERG, Wolfhart. *Jesus – God and Man*, trad. Lewis L. Wilkins e Duane A. Priebe. Philadelphia: Westminster Press, 1968, p. 100.
[8] MAIER, Paul L. "The Empty Tomb as History", *Christianity Today* (28 March 1975): 5.

ALGUÉM PODE DETER UM HOMEM BOM?

Com base em pujantes evidências históricas, os cristãos creem que Jesus ressuscitou fisicamente, em tempo e espaço real, pelo poder sobrenatural de Deus. Podem ser grandes as dificuldades em crer, mas os problemas inerentes à descrença são ainda maiores.

A situação do túmulo após a Ressurreição é de grande significado. O selo romano fora rompido – o que significaria crucificação automática, de cabeça para baixo, para quem quer que o tivesse violado. A gigantesca pedra fora removida não apenas da entrada, mas afastada de todo o sepulcro, como se tivesse sido erguida e levada para longe.[9] A unidade de guarda fugira. O imperador romano bizantino Justiniano, em seus Resumos 49:16, faz uma lista de dezoito ofensas pelas quais uma unidade de guarda poderia ser executada. A lista incluía dormir ou abandonar o posto, deixando-o sem vigia.. As mulheres chegaram e encontraram o túmulo vazio. Assustadas, apressaram-se para contar aos homens. Pedro e João correram até o túmulo. João chegou primeiro, mas não entrou. Olhou para dentro e viu os panos em que Jesus tinha sido envolto, um tanto desarrumados, mas vazios. O corpo de Cristo havia passado a uma nova existência. Enfrentemos o fato: ver algo assim faria qualquer um tornar-se crente!

> **O que você pensa?**
> *Você já fez parte de algum grupo em que aconteceu algo que afetou a todos? As histórias eram as mesmas? Qual a dificuldade de fazer com que todos contem exatamente a mesma história?*

---

[9] McDowell, Josh. *Evidence that Demands a Verdict*. San Bernardino, CA: Campus Crusade for Christ International, 1973, p. 231.

Teorias alternativas para a ressurreição

Muitas pessoas têm promulgado teorias alternativas para explicar a ressurreição, mas estas são tão elaboradas e desprovidas de lógica quando comparadas às reivindicações do cristianismo, que a fraqueza delas, na verdade, ajuda a construir nossa confiança na verdade sobre a ressurreição.

Teoria do túmulo errado

Uma teoria proposta pelo acadêmico bíblico britânico Kirsopp Lake presume que as mulheres que reportaram a falta do corpo se dirigiram ao túmulo errado naquela manhã. Se esse fosse o caso, os discípulos que foram checar a veracidade da história também se dirigiram ao túmulo errado. Mas sabemos com certeza que as autoridades judaicas, que requisitaram a guarda romana fixa no túmulo para evitar que o corpo fosse roubado, não estariam erradas quanto ao local. Os guardas romanos também não estariam enganados quanto à localização, pois ali estavam. Caso se tratasse de um túmulo errado, as autoridades judaicas não perderiam tempo para apresentar o corpo proveniente do túmulo certo, apagando efetiva e definitivamente qualquer rumor sobre a ressurreição.

Teoria da alucinação

Outra tentativa de explicação alega que as aparições de Jesus após a ressurreição seriam ilusões ou alucinações. Tal teoria vai contra os princípios psicológicos que governam a ocorrência de alucinações. Não se pode acreditar que quinhentas pessoas tivessem a mesma alucinação por quarenta dias. Além disso, a teoria da alucinação não condiz com a situação histórica nem com o estado mental dos apóstolos.

Então, onde estava o corpo de Jesus, e por que aqueles que se opunham a Ele não o apresentaram?

Teoria do êxtase

Há vários séculos, Karl Venturini, racionalista alemão do século 19, popularizou a teoria do êxtase, e até os dias atuais ela muitas vezes é sugerida. Esta teoria diz que na verdade Jesus não morreu; Ele apenas desmaiou de cansaço e perda de sangue. Todos pensaram que estivesse morto, porém mais tarde Ele recuperou a consciência e os discípulos acharam que tivesse ressurgido da morte.

O teólogo alemão David Friedrich Strauss, ele mesmo descrente na ressurreição, dá um golpe mortal a qualquer ideia de que Jesus pudesse ter revivido após um desmaio ou êxtase:

> Com base em pujantes evidências históricas, os cristãos creem que Jesus ressuscitou corporalmente, em tempo e espaço real, pelo poder sobrenatural de Deus. Podem ser grandes as dificuldades em crer, mas os problemas inerentes à descrença são ainda maiores.

Seria impossível alguém sair, semimorto do sepulcro, rastejando, fraco e doente, carente de atenção médica, necessitando curativos, fortalecimento e tolerância, e se tivesse entregado, finalmente, a seus padecimentos, dando a seus discípulos a impressão de ser o Conquistador da morte e do túmulo, o Príncipe da Vida – impressão que fundamentaria todo o ministério futuro desses discípulos. Tal ressurgimento só teria enfraquecido a influência que Jesus teve sobre eles em sua vida e morte, oferecendo, no máximo, uma voz lamentosa,

MAIS QUE UM CARPINTEIRO

mas não transformando sua tristeza em entusiasmo, elevando seu respeito e tornando-o em adoração.[10]

Teoria do corpo roubado

Outra teoria afirma que os discípulos teriam roubado o corpo de Jesus enquanto os guardas dormiam. A depressão e a covardia dos discípulos tornam difícil sustentar tal argumento. É possível imaginar que, de repente, eles tenham se tornado ousados e corajosos a ponto de enfrentar um destacamento de soldados em frente ao túmulo e roubar o corpo? Eles não se encontravam em condições de fazer algo dessa espécie.

Comentando a proposição de que os discípulos teriam roubado o corpo de Cristo, J. N. D. Anderson explica:

> Isso iria contra tudo que sabemos a respeito deles: seu ensino ético, sua qualidade de vida, sua firmeza no sofrimento e na perseguição. Nem começaria a explicar a dramática transformação que eles tiveram, de fujões abatidos e desanimados a testemunhas às quais nenhuma oposição conseguiria amordaçar.[11]

Teoria do corpo removido

Outra teoria diz que autoridades romanas ou judaicas removeram o corpo de Cristo do túmulo. Essa explicação não é mais razoável do que a teoria do corpo roubado. Se as autoridades estivessem de posse do corpo de Jesus ou soubessem onde estava,

---

[10] STRAUSS, David Friedrich. *The Life of Jesus for the People*. London: Williams and Norgate, 1879: 1:412.

[11] ANDERSON, J. N. D. *Christianity: The Witness of History*. London: Tyndale Press, 1969, p. 92.

por que não teriam explicado que o tinham levado, pondo fim à pregação da ressurreição em Jerusalém, por parte dos discípulos? Se as autoridades tivessem levado o corpo, por que não explicariam exatamente onde o tinham colocado? Por que não recobrariam o cadáver, exibindo-o em um carrinho pelo centro de Jerusalém? Uma ação como essa teria destruído totalmente o cristianismo.

John Warwick Montgomery comenta:

> Se as autoridades tivessem levado o corpo, por que não o exibiriam em um carrinho pelo centro de Jerusalém? Uma ação como essa teria destruído totalmente o cristianismo.

Ultrapassa todos os limites da credibilidade que os primeiros cristãos tivessem inventado tal história e passado a pregá-la entre aqueles que facilmente poderiam refutá-la, simplesmente apresentando o corpo de Jesus.[12]

Teoria do corpo relocado

Em seu livro *The Empty Tomb* [O túmulo vazio], Jeffrey Jay Lowder descreve uma hipótese interessante, a de que o corpo de Jesus foi guardado temporariamente no túmulo de José de Arimateia, na sexta-feira à noite, antes de ser removido para outra localidade, o túmulo de um criminoso.[13] O túmulo de Jesus estaria vazio não por ter Ele ressuscitado, mas simplesmente

---

[12] MONTGOMERY, John Warwick. *History and Christianity* Downers Grove, IL: InterVarsity, 1972, p. 78.

[13] LOWDER, Jeffrey Jay. "Historical Evidence and The Empty Tomb Story" in: *The Empty Tomb: Jesus Beyond the Grave*, org. por LOWDER, Jeffrey Jay; PRICE, Robert. Amherst, MA: Prometheus, 2005, p. 267.

MAIS QUE UM CARPINTEIRO

porque o teriam levado para outro local. Sendo assim, os discípulos estavam enganados ao pensar que Jesus havia ressurgido. Essa hipótese tem ganhado muitos seguidores na Internet.

A hipótese de "relocação" apoia-se no fato de ser comum o ressepultamento na Palestina antiga. Mas é importante observar que os procedimentos dos judeus para um ressepultamento diferiam significativamente da teoria aqui proposta. A tradição judaica era enterrar um corpo por um ano e, depois da decomposição da carne, restando apenas ossos, remover esses ossos e colocá-los em um ossuário. O problema com a teoria de "relocação" do corpo de Jesus está na completa falta de apoio histórico, tanto por fontes bíblicas quanto não bíblicas. Nenhum dos relatos dos evangelhos sugere que o corpo de Jesus teria sido reenterrado. Em Marcos 16:6, a fala do jovem: *Ele ressuscitou! Não está aqui. Este é o lugar onde o puseram* constata isso.

A teoria de relocação sofre um problema ainda mais significativo. O dr. Michael Licona observa:

> No máximo, mesmo que a teoria de ressepultamento fosse verdadeira, só explicaria um túmulo vazio. É interessante que o túmulo vazio não convenceu a nenhum dos discípulos – com a possível exceção de João – de que Jesus teria voltado da morte. Foram as aparições de Jesus que os convenceram, e estas não podem ser explicadas pela teoria do ressepultamento.[14]

Se o corpo de Jesus tivesse sido simplesmente removido para outro local, por que um parente não descobriu o corpo

---

[14] Conforme citado em STROBEL, Lee. *The Case for the Real Jesus*, p. 146.

ALGUÉM PODE DETER UM HOMEM BOM?

quando os discípulos começaram a proclamar a ressurreição? Por que uma autoridade não apresentou o corpo para deter o cristianismo antes que ele se fortalecesse? Alguns sugerem que, a essas alturas, o corpo de Jesus estaria irreconhecível, contudo convém observar que, dado o clima da Palestina, o corpo poderia ser reconhecido durante tempo considerável.[15]

Teoria do imitador

"Nada no cristianismo é original" é uma das frases mais comumente usadas por muitos críticos atuais. No final do século 19 e início do século 20, muitos acadêmicos acreditavam que as afirmativas centrais do cristianismo haviam sido plagiadas das religiões de mistério greco-romanas. Jesus foi considerado "mais um deus que morre e ressurge", na tradição de Osíris, Mitras, Adônis e Dionísio. Conquanto essa teoria tenha experimentado um surpreendente retorno via Internet e livros populares, enfrenta rejeição quase universal por estudiosos contemporâneos. Eis a razão.

O que você pensa?

Você consegue imaginar outra possível explicação naturalista para a ressurreição de Jesus? Há alguma outra teoria que explique tantos fatos em torno dos acontecimentos quanto a sua verdadeira ressurreição?

Embora superficialmente os paralelos entre Jesus e as religiões de mistérios possam parecer surpreendentes, eles caem por terra quando examinados com cuidado. Por exemplo: Osíris é considerado por muitos um deus do Egito antigo que

---

[15] DAVIS, Stephen T. "The Counterattack of the Ressurrection Skeptics" in: *Philosophia Christi*, vol. 8, no. 1 (2006): 55.

MAIS QUE UM CARPINTEIRO

morre e ressuscita. De acordo com a mitologia, Osíris foi morto por Seth e ressuscitado por Ísis. Mas, em vez de voltar à terra em um corpo ressurreto, Osíris torna-se rei do mundo de baixo – em nada semelhante à ressurreição histórica de Jesus Cristo. Por essa razão, Paul Rhodes Eddy e Greg Boyd, autores de *The Jesus Legend* [Jesus, a lenda], concluem que

> a diferença entre o cristianismo e as religiões de mistério são muito mais profundas do que quaisquer semelhanças que possam existir. Embora certamente haja termos paralelos usados no cristianismo primitivo e nas religiões de mistério, há pouca evidência de conceitos paralelos.[16]

Diferentemente do Jesus histórico, não existem evidências para a confiabilidade de quaisquer histórias paralelas alegadas pelas religiões de mistério. Jesus de Nazaré comia, dormia, realizava milagres, morreu e voltou à vida. Esses relatos são apoiados por confiável documentação histórica. Em contraste, os deuses que morriam e reviviam nas religiões de mistério eram mitos atemporais que se repetiam anualmente com a mudança das estações.

O tratado acadêmico mais recente sobre deuses que morrem e ressurgem foi escrito por T. N. D. Mettinger, professor na Universidade Lund. Em seu livro *The Riddle of the Ressurrection* [O enigma da ressurreição], Mettinger concorda com a existência desses mitos de deuses no mundo antigo, que morriam e ressurgiam, o que, admite ele, é um ponto de vista da

---

[16] EDDY, Paul Rhodes; BOYD, Gregory A. *The Jesus Legend*. Grand Rapids: Baker Books, 2007, p. 142.

ALGUÉM PODE DETER UM HOMEM BOM?

minoria. No entanto, sua conclusão fixa o último prego no caixão da teoria de imitação:

> Não existe, que eu saiba, nenhuma evidência primária de que a morte e ressurreição de Jesus tenham sido um construto mitológico proveniente dos mitos e rituais dos deuses que morriam e reviviam do mundo ao redor. Embora proveitosamente estudados contra o pano de fundo judaico de crença na ressurreição, a fé na morte e ressurreição de Jesus retém seu caráter singular na história das religiões. Permanece o enigma.[17]

EVIDÊNCIAS PARA A RESSURREIÇÃO

O professor Thomas Arnold, catedrático de História Moderna na Universidade de Oxford e autor da famosa *History of Rome* [História de Roma], em três volumes, conhecia bem o valor das evidências para determinar os fatos históricos:

> Por muitos anos tenho estudado as histórias de outros tempos e examinado as evidências daqueles que escreveram sobre elas, e não conheço um único fato na história da humanidade que tivesse sido provado por melhores e mais plenas evidências de toda espécie, para o entendimento de um inquiridor equânime, do que o grande sinal que Deus nos deu: Cristo morreu e ressuscitou dentre os mortos.[18]

Brooke Foss Westcott, professor de Divindade na Universidade de Cambridge, diz:

[17] METTINGER, T. N. D. *The Riddle of the Ressurrection: "Dying and Rising Gods" in the Ancient Near East.* Stockholm: Almqvist & Wiksell, 2001, p. 221.

[18] ARNOLD, Thomas. *Christian Life – Its Hopes, Its Fears, and Its Close.* London: T. Fellowes, 1859, p. 324.

Considerando todas as evidências, não é exagerado dizer que não existe evento histórico mais bem sustentado ou apoiado por maior número de fontes do que a ressurreição de Jesus. Nada, a não ser a suposição antecedente de que ela pudesse ser falsa, pode sugerir ideia de deficiência em suas provas.[19]

O dr. William Lane Craig completa: "Quando se utiliza o cânon comum de avaliação histórica, a melhor explicação para os fatos é que Deus ressuscitou Jesus dos mortos".[20]

Simon Greenleaf foi uma das mais brilhantes mentes jurídicas que os Estados Unidos produziram. Famoso professor Royal de direito da Universidade de Harvard, ele sucedeu o juiz Joseph Story como professor de Direito Dane da mesma universidade. Enquanto atuava em Harvard, Greenleaf escreveu um volume examinando o valor legal do testemunho dos apóstolos quanto à ressurreição de Cristo. Ele observa que seria impossível aos apóstolos "persistir em afirmar as verdades narradas, caso Jesus não tivesse realmente ressurgido da morte, se eles não soubessem disso como fato tão certo quanto qualquer outro que conhecessem".[21] Greenleaf conclui que a ressurreição de Cristo é um dos eventos mais bem comprovados da História, de acordo com as leis das provas legais administradas em tribunais de justiça.

[19] WESTCOTT, Brooke Foss, citado por LITTLE, Paul E. *Know Why You Believe*. Wheaton, IL: Scripture Press, 1967, p. 70.

[20] CRAIG, William Lane. *Jesus: The Search Continues*. A transcrição deste vídeo [em inglês] pode ser encontrada no *site* do Ankerberg Theological Research Institute: < http://www.ankerberg.com/PDF-Articles/JREB%20-%20Jesus%20the%20Search%20Continues.pdf> . Acesso em: 20 fev. 2012.

[21] GREENLEAF, Simon. *An Examination of the Testimony of the Four Evangelists by Rules of Evidence Administered in the Courts of Justice*. Grand Rapids, MI: Baker, 1965, p. 29.

Sir Lionel Luckhoo é considerado um dos advogados mais bem-sucedidos de todos os tempos, depois de conseguir 245 absolvições consecutivas em casos de assassinato. Esse advogado brilhante analisou de forma rigorosa os fatos históricos da ressurreição de Cristo e declarou finalmente: "Digo, sem nenhum equívoco, que a evidência para a ressurreição de Jesus Cristo é de tal forma irresistível, que nos compele a aceitar a prova que não deixa o mínimo lugar para dúvidas".[22]

Frank Morison, outro advogado britânico, decidiu refutar as evidências da ressurreição. Achava que a vida de Jesus era uma das mais belas jamais vividas, mas, no que concernia a ressurreição, Morrison acreditava que alguém convertera um mito em história. Planejava escrever um relato a respeito dos últimos dias de Jesus sobre a terra, descartando por completo a ressurreição. Calculava que uma abordagem inteligente e racional da história levaria esse evento a ser totalmente descartado. Contudo, quando aplicou o seu treinamento legal aos fatos, teve de mudar de ideia. Em vez de refutar a ressurreição, acabou escrevendo o *best-seller Who Moved the Stone?* [Quem moveu a pedra?]. Deu ao primeiro capítulo o título "O livro que se recusou a ser escrito". O

> Seria impossível aos apóstolos "persistir em afirmar as verdades narradas, caso Jesus não tivesse realmente ressurgido da morte, se eles não soubessem disso como fato tão certo quanto qualquer outro que conhecessem".
>
> Simon Greenleaf

---

[22] LUCKHOO, Sir Lionel, citado em STROBEL, Lee. *The Case for Christ*, p. 254.

MAIS QUE UM CARPINTEIRO

restante de sua obra confirma decisivamente a validade das provas da ressurreição de Cristo.[23]

George Eldon Ladd conclui: "A única explicação racional para esses fatos históricos é que Deus ressuscitou fisicamente a Jesus".[24] Os cristãos de hoje podem ter completa confiança, como tiveram os primeiros crentes, que sua fé não se baseia em um mito ou uma lenda; antes, apoia-se no fato histórico sólido de que Cristo ressuscitou e o túmulo estava vazio.

Gary Habermas, distinto professor e chefe do departamento de Filosofia e Teologia da Universidade Liberty, debateu com o ex-ateu e acadêmico de renome, Antony Flew, sobre a questão: "Será que Jesus realmente ressurgiu dos mortos?". Um juiz profissional avaliou o debate e concluiu:

> A evidência histórica, ainda que deficiente, é forte o bastante para conduzir as mentes razoáveis à conclusão de que, na verdade, Cristo ressuscitou da morte... Habermas acaba oferecendo "evidências altamente prováveis" da historicidade da ressurreição, "sem a mínima evidência naturalista plausível contra ela".[25]

Mais importante ainda, os crentes, como indivíduos, podem experimentar o poder do Cristo ressurreto em sua vida hoje. Primeiro, podem saber que seus pecados foram perdoados (v. Lucas 24:46-47; 1Coríntios 15:3). Segundo, podem estar

---

[23] MORISON, Frank. *Who Moved the Stone?* London: Faber and Faber, 1930.

[24] LADD, George Eldon. *I Believe in the Ressurrection of Jesus.* Grand Rapids, MI: Eerdmans, 1975, p. 141.

[25] HABERMAS, Gary; FLEW, Anthony. *Did Jesus Rise From the Dead? The Resurrection Debate.* San Francisco: Harper and Row, 1987, p. xiv.

ALGUÉM PODE DETER UM HOMEM BOM?

seguros da vida eterna e da sua própria ressurreição da morte (1Coríntios 15:19-26). Terceiro, podem ser libertados de uma vida vazia e sem sentido e transformados em novas criaturas em Jesus Cristo (v. João 10:10; 2Coríntios 5:17).

Qual a sua avaliação? Qual a sua decisão? O que você pensa sobre o túmulo vazio? Depois de examinar as evidências do ponto de vista jurídico, Lord Darling, outrora juiz-chefe da Suprema Corte, conclui que "existe evidência tão irresistível, positiva e negativa, fatal e circunstancial, que nenhum júri inteligente no mundo ousaria trazer um veredito que não o de que é verdadeira a história da ressurreição".[26]

> **O que você pensa?**
> *O fato de que Jesus ter ressuscitado dos mortos há 2.000 anos é relevante para você hoje? Em caso positivo, como e por quê?*

---

[26] LORD DARLING, citado por GREEN, Michael. *Man Alive!* Downers Grove, IL: InterVarsity, 1968, p. 54.

11

Que o verdadeiro Messias se apresente, por favor!

De todas as credenciais de Jesus para apoiar suas declarações de que era o Messias, Filho de Deus, uma das mais profundas é muitas vezes negligenciada: como a sua vida cumpriu tantas antigas profecias. Neste capítulo, quero tratar deste surpreendente fato.

O que você pensa?

Você acredita que existe uma diferença entre uma profecia e uma previsão? Alguma coisa foi dita sobre você quando era ainda criança e acabou acontecendo depois? Como isso seria diferente do cumprimento das profecias na vida de Jesus?

Repetidas vezes, Jesus se referia a profecias do Antigo Testamento para substanciar as suas afirmativas. Gálatas 4:4 diz: *Vindo, porém, a plenitude dos tempos, Deus enviou seu Filho, nascido de mulher, nascido debaixo da lei.* Temos aqui uma referência às profecias sendo cumpridas em Jesus Cristo. *E, começando por Moisés e todos os profetas, explicou-lhes o que constava a seu respeito em todas as Escrituras* (Lucas 24:27). *Depois lhes disse: São estas as palavras que vos falei, estando ainda convosco: Era necessário que se cumprisse tudo o que estava escrito sobre mim na Lei de Moisés, nos Profetas e nos Salmos* (Lucas 24:4).Ele disse: *Pois se crêsseis em Moisés, creríeis em mim; porque ele escreveu a meu respeito* (João 5:46). Declarou ainda: *Abraão, vosso pai, regozijou-se por ver o meu dia; ele o viu e alegrou-se* (João 8:56).

Os apóstolos e escritores do Novo Testamento apelavam constantemente para o cumprimento das profecias, a fim de demonstrar Jesus como Filho de Deus, Salvador e Messias. *Mas Deus cumpriu o que antes havia anunciado pela boca de todos os seus profetas: que o seu Cristo iria sofrer* (Atos 3:18). *Segundo o seu costume, Paulo compareceu à reunião deles, e por três sábados examinou com eles as Escrituras, explicando e demonstrando que era necessário que o Cristo sofresse e ressuscitasse dentre os mortos. E dizia: Este Jesus que eu vos anuncio é o Cristo* (Atos 17:2-3). *Porque primeiro vos entreguei o que também recebi: Cristo morreu pelos nossos pecados, segundo as Escrituras; e foi sepultado; e ressuscitou ao terceiro dia, segundo as Escrituras* (1Coríntios 15:3-4).

O Antigo Testamento contém sessenta principais profecias messiânicas e aproximadamente 270 ramificações, todas elas cumpridas em uma só pessoa, Jesus Cristo. É útil analisar essas previsões cumpridas em Cristo, com o seu respectivo "endereço". Vou explicar. É provável que você nunca tenha pensado na importância do seu próprio nome e endereço, no entanto esses detalhes separam você da maior parte dos outros bilhões de seres humanos que habitam nosso planeta (entre 7 e 8 bilhões de habitantes, em 2012).

Um endereço na História
Com muito mais detalhes, Deus escreveu um "endereço" histórico, destacando seu Filho, o Messias, o Salvador da

humanidade, de qualquer outra pessoa que tivesse vivido na História – passada, presente ou futura. Os detalhes específicos desse endereço são encontrados no Antigo Testamento, documento escrito durante um período de mil anos e que contém mais de trezentas referências à vinda de Cristo. Utilizando a ciência das probabilidades, vemos que as chances de apenas 48 dessas profecias serem cumpridas em uma única pessoa são de apenas 1 em 10^{157}.

A probabilidade de o "endereço" de Deus combinar com o de um único homem é ainda complicado pelo fato de todas as profecias a respeito do Messias terem sido feitas pelo menos quatrocentos anos antes de Ele surgir. Alguns alegam que tais profecias foram transcritas depois do tempo de Cristo e fabricadas para coincidir com acontecimentos de sua vida. Isso até pareceria possível se não soubéssemos que a Septuaginta, a tradução do Antigo Testamento Hebraico para o grego, foi feita em cerca de 150-200 a.C. Isso quer dizer que existe uma lacuna de pelo menos duzentos anos entre a documentação das profecias e seu cumprimento em Cristo.

Com certeza, Deus estava escrevendo um endereço na história que somente o seu Messias poderia cumprir. Aproximadamente quarenta homens já afirmaram ser o Messias judaico. Mas apenas um – Jesus Cristo – apelou para as profecias cumpridas a fim de substanciar suas afirmativas, e somente suas credenciais garantem essas afirmativas.

Quais são algumas dessas credenciais? Que eventos tiveram de preceder e coincidir com o surgimento do Filho de Deus?

Para começar, temos de voltar a Gênesis 3:15, onde encontramos a primeira profecia messiânica da Bíblia: *Porei inimizade entre ti e a mulher, entre a tua descendência e a descendência dela; esta te ferirá a cabeça, e tu lhe ferirás o calcanhar.* Essa profecia só poderia referir-se a um homem em toda a Escritura. Ninguém, a não ser Jesus, podia ser citado como "semente" da mulher. Todos os demais na história nasceram da semente de homem. Outras versões fazem a mesma afirmativa quando identificam aquele que vence Satanás como sendo o descendente da mulher, quando, em todos os demais instantes, a Bíblia conta os descendentes pela linhagem do homem. Esse descendente, essa "semente", virá ao mundo para destruir as obras de Satanás ("te ferirá a cabeça").

Em Gênesis 9 e 10, Deus estreitou ainda mais o endereço. Noé tinha três filhos: Sem, Cã e Jafé. Todas as nações do mundo remontam a esses três homens. Mas Deus eliminou efetivamente dois terços da raça humana da linha do Messias, destacando especificamente que Ele viria da linhagem de Sem.

Continuando então até 2000 a.C., encontramos Deus chamando um homem chamado Abraão, para sair de Ur dos caldeus. Com Abraão, Deus foi ainda mais específico, anunciando que o Messias sairia da sua descendência. Todas as famílias da terra seriam abençoadas por meio de Abraão (v. Gênesis 12:1-3; 17:1-8; 22:15-18). Quando ele teve dois filhos, Isaque e Ismael, muitos dos descendentes de Abraão foram eliminados quando Deus escolheu o segundo filho, Isaque, como progenitor do Messias (v. Gênesis 17:19-21; 21:12).

Isaque teve dois filhos: Jacó e Esaú. Deus escolheu a linhagem de Jacó (v. Gênesis 28:1-4; 35:10-12; Números 24:17). Jacó teve doze filhos, cujos descendentes deram origem às doze tribos de Israel. Então Deus separou a tribo de Judá para o Messias, eliminando onze/doze avos das tribos israelitas. E, de todas as linhagens familiares dentro da tribo de

Judá, escolheu a linha de Jessé (v. Isaías 11:1-5). Vemos novamente o estreitamento do endereço.

Jessé tinha oito filhos e, em 2Samuel 7:12-16 e Jeremias 23:5, Deus eliminou sete/oitavos da família, escolhendo Davi. Assim, em termos de linhagem, o Messias teria de nascer da semente da mulher, da linhagem de Sem, da raça dos judeus, da linha de Isaque, da linha de Jacó, da tribo de Judá, da família de Jessé e da casa de Davi.

> **O que você pensa?**
>
> *Você já examinou quem eram os seus antepassados? Descobriu alguma informação interessante a respeito de sua família? Sabe algo sobre os antepassados de Jesus? O que você considera mais interessante a respeito?*

Em Miqueias 5:2, Deus elimina da linhagem todas as cidades do mundo, selecionando Belém, com população de menos de mil pessoas, como lugar onde nasceria o Messias.

Depois, por uma série de profecias, ele definiu até mesmo o período que destacaria esse homem. Por exemplo, Malaquias 3:1 e mais quatro versículos do Antigo Testamento requerem que o Messias venha enquanto o templo de Jerusalém ainda estiver de pé (v. Salmos 118:26; Daniel 9:26; Zacarias 11:13; Ageu 2:7-9).[1] Isso tem grande significado quando percebemos que o templo foi destruído no ano 70 d.C. e desde então não foi reconstruído.

Isaías 7:14 acrescenta que Cristo nasceria de uma virgem. Um nascimento natural de concepção sobrenatural era um

---

[1] Para uma discussão mais completa da profecia de Daniel 9, ver McDowell, Josh. *The New Evidence That Demands a Verdict*. Nashville: Nelson, 1999, p. 197-201.

QUE O VERDADEIRO MESSIAS SE APRESENTE, POR FAVOR!

critério que ia além do planejamento ou controle humano. Diversas profecias documentadas em Isaías e nos Salmos descrevem o clima social e a resposta que o homem de Deus encontraria. Seu próprio povo, os judeus, o rejeitaria, e os gentios creriam nele (v. Salmos 22:7-8; 118:22; Isaías 8:14; 49:6; 50:6; 52:13-15). Ele teria um precursor, uma voz no deserto a preparar o caminho perante o Senhor, um João Batista (v. Isaías 40:3-5; Malaquias 3:1).

Observe como uma passagem do Novo Testamento (Mateus 27:3-10) se refere a certas profecias do Antigo Testamento que restringem ainda mais o endereço de Cristo. Mateus descreve os eventos que ocorreram depois de Judas ter traído a Jesus. Mateus destacava que esses eventos foram preditos em passagens do Antigo Testamento (v. Salmos 41:9; Zacarias 11:12-13).[2] Nessas passagens, Deus indica que o Messias seria (1) traído (2) por um amigo (3) por trinta moedas de prata e que o dinheiro (4) seria lançado no chão do templo. Assim, o endereço torna-se ainda mais específico.

Uma profecia datada de 1012 a.C. também prediz que as mãos e os pés deste homem seriam transpassados e que Ele seria crucificado (v. Salmos 22:6-18; Zacarias 12:10; Gálatas 3:13). Essa descrição de como Ele morreria foi escrita oitocentos anos antes de os romanos usarem a crucificação como método para executar os condenados.

---

[2] Mateus atribui a passagem citada em 27:9-10 ao profeta Jeremias, mas na verdade a passagem ocorre em Zacarias 11:11-13. A aparente discrepância se resolve quando entendemos a organização do cânon hebraico. As Escrituras hebraicas eram divididas em três seções: lei, escritos e profetas. Jeremias era o primeiro da lista de livros proféticos e, assim, os estudiosos hebreus muitas vezes consideravam um atalho aceitável referir-se a toda a coleção de escritos dos profetas pelo nome do primeiro livro – Jeremias.

MAIS QUE UM CARPINTEIRO

A linhagem exata, o lugar, o tempo, o modo do nascimento, as reações das pessoas, a traição, o modo de sua morte – essas coisas são apenas uma fração das centenas de detalhes que compõem o "endereço" que identifica o Filho de Deus, o Messias e Salvador do Mundo.

SERIA COINCIDÊNCIA O CUMPRIMENTO DESSAS PROFECIAS?

Um crítico poderia afirmar: "Bem, você encontraria o cumprimento de algumas dessas profecias em Abraham Lincoln, Anwar Sadat, John F. Kennedy, Madre Teresa de Calcutá ou Billy Graham".

Sim, suponho que poderíamos encontrar uma ou duas profecias coincidentes com outras pessoas, mas não todas as sessenta profecias maiores nem as suas 270 ramificações. Na verdade, durante anos a editora *Christian Victory,* de Denver, Colorado, ofereceu um prêmio de mil dólares para quem conseguisse encontrar outra pessoa viva ou morta, além de Jesus Cristo, que pudesse cumprir apenas metade das previsões messiânicas delineadas no livro *Messiah in Both Testaments* [Messias em ambos os Testamentos], de Fred John Meldau. Não houve quem reclamasse o prêmio.

> A linhagem exata, o lugar, o tempo, o modo do nascimento, as reações das pessoas, a traição, o modo de sua morte – essas coisas são apenas uma fração das centenas de detalhes que compõem o "endereço" que identifica o Filho de Deus, o Messias e Salvador do Mundo.

Será que uma única pessoa poderia cumprir todas as profecias do Antigo Testamento? Em seu livro *Science Speaks* [A ciência fala], Peter Stoner e Robert Newman analisaram as

QUE O VERDADEIRO MESSIAS SE APRESENTE, POR FAVOR!

probabilidades. Escrevendo no prefácio desse livro, H. Harold Hartzler, da Associação Científica Americana, diz:

> O manuscrito do *Science Speaks* foi revisado cuidadosamente por uma comissão de membros da Associação Científica Americana e pelo Conselho Executivo do mesmo grupo, e, em geral, foi considerado confiável e correto quanto ao material científico apresentado. A análise matemática incluída é baseada em princípios de probabilidade inteiramente válidos, e o professor Stoner aplicou tais princípios de modo correto e convincente.[3]

O que você pensa?

Qual a probabilidade de uma pessoa cumprir literalmente tantas predições antigas que foram ditas centenas de anos antes de seu nascimento? Como isso foi possível para Jesus?

As seguintes probabilidades mostram que as coincidências foram descartadas. Stoner diz que, ao aplicar a ciência das probabilidades a oito profecias, "descobrimos que a chance de que qualquer homem pudesse ter vivido até o tempo presente e cumprido todas as oito profecias seria de 1 em 10^{17}".[4] Isso significa 1 em 100.000.000.000.000.000. Para nos ajudar a entender essa probabilidade inacreditável, Stoner ilustra supondo que

> tomemos 10^{17} de moedas de prata de um dólar e coloquemo-las sobre a extensão do Texas. Elas cobririam todo o Estado

---

[3] HATZLER, H. Harold, do prefácio a STONER, Peter W. *Science Speaks*. Chicago: Moody, 1963.

[4] STONER, *Science Speaks*, p. 107.

MAIS QUE UM CARPINTEIRO

formando uma camada de 60 centímetros de altura. Agora, marque uma dessas moedas e esconda-a em algum lugar entre todas as moedas que cobrem o Estado. Vende os olhos de um homem e diga-lhe que ele poderá procurar quanto quiser, mas que ele tem apenas uma chance de encontrar a moeda marcada. Qual é a chance de ele escolher a moeda certa? A mesma que os profetas teriam de escrever essas oito profecias e fazer com que todas se realizassem na vida de um só homem, em qualquer momento dos dias deles aos dias atuais, considerando que eles tivessem escrito segundo sua própria sabedoria.

Ora, ou estas profecias foram dadas por inspiração divina, ou os profetas simplesmente escreveram conforme pensavam que deveriam escrever. Nesse caso, eles teriam uma chance em 10^{17} de fazer com que se cumprissem em algum homem, mas todas elas aconteceram e se cumpriram em Cristo.

Isso quer dizer que por si só o cumprimento dessas oito profecias prova que Deus inspirou o escrito dessas profecias numa qualidade de definição que perde apenas uma chance em 10^{17} de ser absoluta.[5]

OUTRA OBJEÇÃO

Algumas pessoas dizem que Jesus tentou deliberadamente cumprir as profecias judaicas. Essa objeção pode parecer plausível, até percebermos que muitos dos detalhes da vinda do Messias fogem totalmente ao controle humano. Um exemplo foi o lugar do seu nascimento. Quando Herodes perguntou aos principais sacerdotes onde o Cristo nasceria, eles responderam: *Eles responderam: Em Belém da Judeia; pois assim está escrito pelo*

[5] Ibid.

profeta (Mateus 2:5). Seria tolice pensar que, enquanto Maria e José viajavam para o vilarejo predito, Jesus, dentro do ventre de sua mãe, tivesse dito: "Mãe, é melhor se apressar, senão não vamos conseguir chegar a tempo".

Metade das profecias estava além do controle de Cristo, como homem: o modo do seu nascimento, a traição de Judas e o preço da traição; a maneira de sua morte; a reação do povo; a zombaria, a cusparada e o escárnio; os soldados jogando dados para ganhar sua roupa e a hesitação em rasgar suas vestes. Além disso, o homem Jesus não poderia manipular seu nascimento da semente da mulher, da linhagem de Sem, descendente de Abraão e conforme todos os outros eventos que conduziram até o seu nascimento. Não é de admirar que Jesus e os apóstolos tenham apelado ao cumprimento das profecias para provar que Ele era Filho de Deus.

Por que Deus teria tanto trabalho? Creio que Ele queria que Jesus Cristo tivesse todas as credenciais necessárias quando viesse ao mundo. No entanto, uma das coisas mais empolgantes quanto a Jesus é que Ele veio transformar vidas. Somente Ele provou serem corretas as

> Por que Deus teria tanto trabalho? Creio que Ele queria que Jesus Cristo tivesse todas as credenciais necessárias quando viesse ao mundo. No entanto, uma das coisas mais empolgantes quanto a Jesus é que Ele veio transformar vidas.

O que você pensa?

Das três evidências-chave oferecidas neste livro – a confiabilidade da Bíblia, as evidências históricas da ressurreição e o cumprimento das profecias – qual você considera a mais convincente? Por quê?

centenas de profecias do Antigo Testamento que descreveram a sua vinda. Somente Ele poderá cumprir a maior de todas as profecias para aqueles que a aceitarem – a promessa de nova vida: *Também vos darei um coração novo e porei um espírito novo dentro de vós; tirarei de vós o coração de pedra e vos darei um coração de carne* (Ezequiel 36:26); *Portanto, se alguém está em Cristo, é nova criação; as coisas velhas já passaram, e surgiram coisas novas* (2Coríntios 5:17).

12

Não existe outro caminho?

Durante uma série de palestras na Universidade do Texas, um estudante de pós-graduação aproximou-se de mim e perguntou: "Por que Jesus é o único caminho para um relacionamento com Deus?".

Eu havia demonstrado que Jesus afirmava ser o único caminho para Deus, que o testemunho das Escrituras e dos apóstolos era confiável, e que havia provas suficientes para garantir a fé em Jesus como Salvador e Senhor. No entanto, aquele estudante ainda tinha dúvidas. Por que só Jesus? Não haveria nenhum outro caminho para Deus? É estranho, mas assim como esse jovem, existem muitas pessoas que buscam continuamente uma alternativa. O que dizer de Buda? E Maomé? Uma pessoa não pode simplesmente viver uma boa vida? Se Deus é um Deus de amor, Ele não aceitaria todas as pessoas, do jeito que elas são?

Essas perguntas são exemplos típicos do que as pessoas dizem o tempo todo. Na tolerância dos dias atuais, as pessoas se ofendem com as declarações exclusivistas de que Jesus é o único caminho para Deus e de que só existe uma fonte de perdão dos pecados e salvação. Isso mostra que muitos simplesmente não entendem a natureza de Deus. O cerne de seu mal-entendido está na pergunta que geralmente fazem: como um Deus de amor pode permitir que alguém seja condenado ao inferno? Muitas vezes, eu inverto a pergunta e indago: como um Deus justo e santo pode permitir pessoas pecadoras em sua presença? A maioria das pessoas entende Deus como amoroso, mas não vai além disso. Ele não somente é um Deus de amor, mas é também um Deus de retidão, justiça e santidade. Ele não tolera o pecado em seu céu, do mesmo modo que você não toleraria um cachorro imundo, malcheiroso e coberto de doença vivendo dentro de sua casa. Esse equívoco básico quanto à natureza e ao caráter de Deus é a causa de muitos problemas teológicos e éticos.

> **O que você pensa?**
> *Como você descreveria Deus? De onde se originam as suas ideias sobre Deus?*
>
> *Existe alguma coisa a respeito de Jesus que o surpreende, que parece não caber em sua descrição de Deus?*

Basicamente, conhecemos Deus através de seus atributos. No entanto, esses atributos não são partes de Deus do mesmo modo que os atributos que nós adotamos se tornam parte de nós. Talvez você reconheça que é bom ser cortês, e adote esse atributo como parte de sua constituição geral. Mas com Deus é diferente. Os atributos de Deus, o seu próprio ser, incluem qualidades como santidade, amor, justiça e equidade. A bondade, por exemplo, não é uma parte de Deus, mas algo que faz parte de sua natureza. Os atributos de Deus têm sua fonte em quem Deus é. Ele não os adotou para torná-los parte de sua natureza – eles fluem de sua natureza. Assim, quando dizemos que Deus é amor, não

NÃO EXISTE OUTRO CAMINHO?

estamos dizendo que uma parte de Deus é amor, mas que o amor é um atributo inerentemente verdadeiro de Deus. Quando Deus ama, Ele não está tomando uma decisão – está simplesmente sendo quem é.

Eis o problema em relação a nós. Se a natureza de Deus é amor, como é possível que Ele mande alguém para o inferno? De modo resumido, a resposta é: Deus não manda ninguém para o inferno; as pessoas vão para lá por escolha própria. Temos de voltar até a criação para entender isso.

> Conhecemos Deus por meio de seus atributos – sua santidade, seu amor, sua justiça, sua retidão. Deus não adotou esses atributos – eles fluem de sua própria natureza.

A Bíblia mostra que Deus criou o homem e a mulher para partilhar com eles seu amor e sua glória. Mas Adão e Eva escolheram rebelar-se e seguir seu próprio caminho. Abandonaram o amor e a proteção divina, contaminando-se com aquela natureza teimosa, ávida e orgulhosa que chamamos de pecado. Como Deus amou o homem e a mulher com ternura – mesmo após eles o terem rejeitado –, o Senhor quis estender a mão para eles e salvá-los do caminho de morte que haviam escolhido. Mas há um dilema. Como Deus não é somente amoroso, mas também santo, justo e reto, o pecado não subsiste em sua presença. Sua natureza santa, reta e justa destruiria o casal pecador. É por isso que a Bíblia diz que *o salário do pecado é a morte* (Romanos 6:23). Como então resolver esse dilema e salvar o homem e a mulher?

A Divindade – Deus Pai, Deus Filho e Deus Espírito Santo – tomou uma decisão espantosa. Jesus – Deus, o Filho – tomaria sobre si a carne humana. Seria Deus-homem. Lemos sobre isso no primeiro capítulo de João: *E o Verbo se fez carne e habitou entre nós, pleno de graça e de verdade; e vimos a sua glória, como a glória do unigênito do Pai* (João 1:14). O segundo capítulo de Filipenses também diz que Cristo Jesus se esvaziou de suas prerrogativas divinas e assumiu a forma humana (Filipenses 2:6-7).

Jesus é Deus-homem. Era homem, como se jamais tivesse sido Deus, e era Deus, como se jamais tivesse sido homem. Sua humanidade não diminuiu sua divindade, nem sua divindade ofuscou sua humanidade. Por escolha própria, Ele viveu sem pecar, obedecendo inteiramente ao Pai. A declaração bíblica de que "o salário do pecado é a morte" não o alcançava. Porque Ele não somente era homem finito, mas também Deus infinito, e tinha a capacidade infinita de tomar sobre si o pecado do mundo inteiro. Quando Jesus foi executado sobre a cruz há mais de dois mil anos, Deus aceitou sua morte em substituição pela nossa. A natureza reta e justa de Deus foi satisfeita. A justiça foi feita, a penalidade foi paga. Naquele ponto, a natureza de amor de Deus se libertou das pressões de sua justiça e Ele pôde aceitar-nos de novo, oferecendo aquilo que perdemos no Éden – o relacionamento original em que podemos experimentar seu amor e sua glória.

> **O que você pensa?**
>
> *Alguém já foi castigado por sua causa? Seu relacionamento com essa pessoa mudou depois disso? Você estaria disposto a fazer o mesmo por essa pessoa, mesmo que ela merecesse o castigo?*

Muitas vezes pergunto às pessoas: por quem Jesus morreu? Geralmente, elas respondem: "Por mim" ou "Pelo mundo inteiro". E continuo perguntando: "Sim, está certo, mas por quem mais Jesus teria morrido?" Geralmente, elas admitem não saber, e eu digo: "Por Deus, o Pai". Vejam só, Jesus não somente morreu por nós, como também morreu pelo Pai. Isso é tratado na última parte de Romanos, onde algumas traduções da Bíblia chamam a morte de Jesus de "propiciação" (Romanos 3:25). "Propiciação" significa basicamente a satisfação de uma exigência. Quando Jesus morreu na cruz, não morreu apenas por nós, mas também para satisfazer as exigências santas e justas intrínsecas à natureza de Deus. A contaminação foi removida para que pudéssemos ficar limpos diante de sua presença.

Há alguns anos, ouvi uma história verídica que ilustra o que Jesus fez na cruz para resolver o problema de nosso pecado. Uma jovem foi parada por excesso de velocidade. O policial aplicou uma multa e levou-a perante o juiz. O juiz leu a acusação e perguntou: "Culpada ou inocente?" A mulher admitiu: "Culpada". O juiz bateu a tribuna com seu martelinho e aplicou-lhe uma multa de cem dólares ou dez dias na cadeia. Em seguida, fez uma coisa surpreendente.

> Jesus era homem, como se jamais tivesse sido Deus, e era Deus, como se jamais tivesse sido homem. Sua humanidade não diminuiu sua divindade, nem sua divindade ofuscou sua humanidade.

Tirou suas vestes de magistrado, desceu da tribuna, pegou a carteira e pagou a multa da jovem. Por quê? O juiz era o seu pai. Ele amava sua filha, contudo era um juiz justo. Ela havia quebrado a lei, e Ele não poderia simplesmente dizer-lhe: "Porque a amo tanto, eu a perdoo. Pode ir sem pagar nada". Tivesse Ele feito uma coisa dessas, não teria sido justo em seu julgamento. Não teria cumprido a lei. Mas, porque amava sua filha, estava disposto a tirar sua toga judicial, descer até a posição em que ela se encontrava, assumir seu relacionamento de pai e pagar a multa.

Essa história ilustra em pequena escala o que Deus fez por nós por meio de Jesus Cristo. Nós pecamos, e a Bíblia declara que *o salário do pecado é a morte*. Quando Deus olha para nós, apesar de seu grande amor por nós, precisa exercer justiça e declarar "morte", porque Ele é reto e justo. Contudo, por ser também um Deus de amor, dispôs-se a descer do trono, tomar a forma de homem, Jesus Cristo, e pagar o preço por nós – sua morte sobre a cruz.

A esta altura, muitas pessoas questionam: por que Deus não podia simplesmente perdoar sem exigir pagamento? O executivo de uma grande companhia certa vez me disse: "Meus empregados frequentemente estragam algum equipamento, desperdiçam material e quebram as coisas, e eu simplesmente os perdoo. Você está dizendo que eu faço uma coisa que Deus não pode fazer?".

> **O que você pensa?**
> *Você acha difícil perdoar alguém que o prejudicou? Qual o preço que a maioria das pessoas paga quando perdoa alguém?*

Esse executivo não percebia que seu perdão custava alguma coisa. Sua companhia pagava pelas falhas dos empregados, consertando e substituindo as peças quebradas. Quando existe o perdão, existe o pagamento. Digamos, por exemplo, que minha filha quebre um abajur em minha casa. Sou um pai amoroso e perdoador, então digo: "Não chore, filhinha, papai ama você e a perdoa". Em geral, a pessoa que ouve isso diz: é isso mesmo o que Deus tem de fazer. Mas vem a pergunta: e quem paga pelo abajur? O fato é que *eu* pago. O perdão tem sempre um preço. Suponhamos que alguém o insulte na frente de terceiros. Mais tarde você diz a essa pessoa: "Eu o perdoo". Quem carrega o preço do insulto? Você. Você suportou a dor da mentira e a perda da reputação aos olhos das pessoas que testemunharam o insulto.

Foi o que Deus fez por nós. Ele disse: "Eu perdoo você". Mas pagou, Ele mesmo, o preço desse perdão na cruz. É um pagamento que Buda, Maomé, Confúcio ou qualquer outro líder religioso ou ético não é capaz de oferecer. Ninguém pode pagar o preço "simplesmente vivendo uma vida boa". Sei que parece exclusivismo dizer isso, mas temos de dizê-lo porque é a verdade. Não existe outro caminho – só Jesus.

> O perdão sempre tem um preço. Deus pagou, Ele mesmo, o preço desse perdão na cruz. É um pagamento que Buda, Maomé, Confúcio ou qualquer outro líder religioso ou ético não é capaz de oferecer.

13

Ele mudou minha vida

O que compartilhei com você nesse livro foi o que aprendi examinando as evidências do cristianismo, após ser desafiado por meus amigos na universidade. Você pode pensar que, depois de examinar todas as evidências, eu pulei imediatamente para o lado deles, tornando-me cristão. Contudo, apesar das abundantes evidências, eu ainda relutava em dar o mergulho. Minha mente estava convencida da verdade. Eu tinha de admitir que Jesus Cristo era exatamente aquilo que afirmava ser. Estava claro que o cristianismo não era um mito, não era uma fantasia ilusória de sonhadores, nem um embuste forjado para enganar mentes simplórias – era a verdade sólida como rocha. Eu conhecia a verdade, no entanto minha vontade me puxava em outra direção.

Minha relutância tinha dois motivos: prazer e orgulho. Eu achava que me tornar cristão significaria abrir mão da boa vida, e também abrir mão do controle. Podia sentir Jesus às portas de meu coração, instando: "Olha, estou à sua porta batendo constantemente. Se você me ouvir e abrir a porta, entrarei em sua casa" (paráfrase de Apocalipse 3:20). Mantive a porta fechada e travada. Não me importava se Jesus realmente andara sobre as águas ou transformara água em vinho. Eu não queria nenhum estraga-prazeres acabando com minha festa. Não podia imaginar um jeito mais rápido de acabar com minha diversão – eu chamava de diversão, mas na verdade eu me sentia desgraçado. Eu era um campo de batalha ambulante. Minha mente dizia que o cristianismo era verdadeiro, mas minha vontade resistia com todas as forças que possuía. Havia também o problema do orgulho. A ideia de tornar-me cristão esmagaria meu ego. Eu tinha acabado de provar que meus pensamentos anteriores eram totalmente equivocados e que meus amigos estavam certos. Toda vez que encontrava aqueles cristãos entusiasmados, o conflito interno fervilhava e transbordava. Se você já esteve na companhia de gente feliz enquanto você mesmo está mal, sabe como a alegria deles queima nosso interior. Às vezes, eu me levantava, deixava o grupo e saía do prédio da união estudantil. Cheguei ao ponto de ir me deitar às dez da noite, sem conseguir dormir até umas quatro da madrugada. Não sabia como me livrar do problema. Precisava fazer alguma coisa antes de enlouquecer.

Sempre procurei ter a mente aberta, mas não a ponto de deixar meu cérebro cair da cabeça! Como disse G. K. Chesterton: "O propósito de abrir a mente, assim como de abrir a boca, é fechá-la novamente, sobre algo sólido". Eu abri a mente e, finalmente, fechei-a sobre a realidade mais sólida jamais experimentada. Em 19 de dezembro de 1959, às 20h30, durante meu segundo ano de faculdade, tornei-me cristão.

MAIS QUE UM CARPINTEIRO

Alguém me perguntou: "Como você sabe que se tornou cristão?" Entre diversas respostas, uma foi bem simples: minha vida mudou. Essa transformação me assegura a validade da minha conversão. Naquela noite, orei a respeito de quatro pontos para estabelecer um relacionamento com o Cristo vivo e ressurreto, e sou grato porque essa oração foi respondida.

> **O que você pensa?**
>
> *Agora que está chegando ao final do livro, alguns de seus pensamentos sobre Jesus Cristo mudaram? Você aceita o desafio de ler mais sobre Ele? Está disposto a conversar com outras pessoas que tenham entregado a vida a Ele?*

Primeiro, orei: "Senhor Jesus, obrigado por morreres na cruz por mim". Segundo: "Confesso as coisas que não agradam a ti em minha vida , e peço que me perdoes e me limpes". Isso porque Deus diz: "Não importa quão grande seja a mancha de seu pecado, eu a removo" (paráfrase de Isaías 1:18). Terceiro: "Neste momento, abro a porta do meu coração e da minha vida, e confio em ti como meu Salvador e meu Senhor. Toma controle de tudo. Transforma-me de dentro para fora. Faze de mim o tipo de pessoa que me criaste para ser". O último ponto da minha oração foi: Agradeço-te, pela fé, por entrares em minha vida. Era uma fé não baseada em ignorância, mas em evidências, nos fatos da história e na Palavra de Deus.

Estou certo de que você já ouviu gente falar do "raio que iluminou" quando tiveram sua primeira experiência religiosa. Para mim, não foi assim tão dramático. Nada aconteceu depois que orei. Absolutamente *nada*. Não criei asas nem um halo angelical. Na verdade, depois que tomei aquela decisão, as coisas só pioraram. Senti enjoo, quase vomitei. *Ah, não. No que foi que me envolvi agora?* Senti que tinha pirado por completo (e algumas pessoas continuam pensando isso de mim).

A mudança não foi imediata, mas foi real. Seis a dezoito meses depois, tive certeza de que não havia enlouquecido. Minha vida realmente mudou. Naquela época, conversei com o chefe de departamento de uma universidade do meio-oeste dos Estados Unidos. Contava-lhe a respeito da minha nova vida quando ele me interrompeu, perguntando: – McDowell, você está dizendo que Deus realmente mudou sua vida? Dê exemplos específicos.

Depois de me ouvir por 45 minutos, ele finalmente disse: – Está certo. Basta!

Uma das grandes mudanças na minha vida envolvia minha constante inquietação. Antes de aceitar a Cristo, eu precisava estar sempre ocupado. Ou estava na casa da minha namorada, ou em alguma festa, ou então no grêmio estudantil, ou ainda correndo com os amigos. Eu atravessava o *campus* com a cabeça num redemoinho de conflitos. Estava sempre subindo pelas paredes. Eu me sentava e tentava estudar, mas não conseguia me concentrar. Depois que encontrei a Cristo, estabeleceu-se uma espécie de paz mental. Não me entenda mal: os conflitos não deixaram de existir. O que encontrei no relacionamento com Jesus não foi a ausência de conflitos, mas a capacidade de lidar com eles. Eu não trocaria isso por nada neste mundo.

> Como sei que me tornei cristão? Minha vida mudou. Minha fé não se baseava na ignorância, mas em evidências, nos fatos da história e na Palavra de Deus.

Outra área que começou a mudar foi meu gênio forte. Eu costumava estourar se alguém me olhasse meio "torto". Ainda tenho as cicatrizes de uma briga em que quase matei um homem no meu primeiro ano de universidade. Meu temperamento era de tal forma descontrolado, e era tão parte de mim, que não tentei mudá-lo conscientemente. Mas um dia deparei com uma crise que em outros tempos teria detonado o estopim, e consegui permanecer calmo e contido. Meu gênio estourado desaparecera! Não foi obra minha – como eu já disse, foi Jesus quem mudou minha vida. Isso não quer dizer que eu seja perfeito agora. Passei quatorze anos sem perder o controle, mas confesso que, quando estourei, foi feio – superando todos aqueles anos em que consegui me controlar!

> **O que você pensa?**
>
> *Se existe uma área em sua vida que você gostaria que Deus transformasse, qual seria?*

Jesus me transformou em outro sentido também. Não tenho orgulho disso, mas menciono isso aqui porque creio que muita gente precisa dessa transformação, e quero mostrar-lhe a fonte da mudança: um relacionamento com o Cristo ressurreto e vivo. O problema era o ódio. Um pesado fardo de ódio me oprimia. Eu não o exibia externamente, mas o remoía por dentro. Era irritado com as pessoas, com as coisas e com as questões da vida. Era inseguro. Toda vez que encontrava alguém diferente de mim, essa pessoa se tornava uma ameaça, e eu reagia com certo nível de ódio.

Havia um homem que eu odiava mais que tudo – meu pai. Era um ódio visceral. Eu morria de vergonha porque ele era o alcoólatra mais conhecido da cidade. Se você vem de uma cidade pequena e o seu pai ou a sua mãe é alcoólatra, sabe exatamente como eu me sentia. Todo mundo sabe. Meus amigos

ELE MUDOU MINHA VIDA

do colégio faziam piadas sobre a bebedeira de meu pai. Não achavam que isso me incomodava, porque eu caía na risada com eles. Eu ria por fora, mas devo confessar que por dentro eu chorava. Eu ia até o estábulo e encontrava minha mãe deitada no esterco atrás do gado, machucada, de tanto que meu pai batera nela, a ponto de não conseguir se levantar. Quando nossos amigos vinham até minha casa, eu levava meu pai até o estábulo e o amarrava ali. Depois, estacionava o carro dele atrás do silo. Dizíamos às visitas que ele havia saído para algum lugar. Não imagino que ninguém pudesse odiar uma pessoa mais do que eu odiava meu pai.

> O que encontrei no relacionamento com Jesus não foi a ausência de conflitos, mas a capacidade de lidar com eles.

Cerca de cinco meses depois de ter me decidido por Cristo, o amor de Deus entrou de forma tão poderosa em minha vida que aquele ódio foi virado de cabeça para baixo e completamente esvaziado. Fui capaz de olhar nos olhos de meu pai e dizer: "Pai, eu amo você". E realmente amava. Após tantas coisas que eu fizera contra ele, isso realmente o emocionou.

Depois que me transferi para uma universidade particular, um sério acidente de carro me pôs no hospital. Quando voltei para casa a fim de me recuperar, meu pai fez uma visita.

Surpreendentemente, ele estava sóbrio naquele dia. Mas parecia inquieto, andando no quarto de lá para cá. Finalmente, ele deixou escapar: – Filho, como você pode amar um pai como eu?

Respondi, compartilhando com ele a história da minha pesquisa e das minhas conclusões sobre Jesus: – Pai, seis meses atrás eu o desprezava. Mas coloquei minha confiança em Cristo, recebi o perdão de Deus, convidei-o a entrar na minha vida, e Ele me transformou. Não consigo explicar tudo, pai, mas Deus tirou todo o ódio que eu tinha e colocou no lugar a capacidade de amar. Eu o amo e o aceito como você é.

Conversamos por quase uma hora e então tive uma das maiores alegrias da minha vida. Aquele homem que era meu pai, que me conhecia bem demais para que eu conseguisse enganá-lo, olhou para mim e disse: – Filho, se Deus pode fazer na minha vida o que tenho visto que Ele fez na sua, quero ter essa oportunidade também. Quero confiar em Jesus como meu Salvador e Senhor.

> Havia um homem que eu odiava acima de todos – meu pai. Mas o amor de Deus entrou em minha vida de maneira tão poderosa que fui esvaziado de todo aquele ódio.

Não dá para imaginar um milagre maior.

Geralmente, quando uma pessoa se converte, as mudanças na sua vida ocorrem em um período de dias, semanas, meses ou até mesmo anos. Na minha própria vida, a mudança aconteceu entre seis e dezoito meses depois que aceitei a Jesus. Mas a vida de meu pai mudou diante de meus olhos. Era como se Deus tivesse estendido a mão e acendido o interruptor de luz. Nunca, nem antes nem depois, vi mudança tão dramática. Depois daquele dia, o meu pai só tocou uma vez em um copo de bebida alcoólica. Aproximou-o dos lábios e o empurrou para longe. Para sempre. Só posso concluir uma coisa: o relacionamento com Jesus Cristo transforma vidas.

Havia outra pessoa em minha vida a quem eu tinha de perdoar. Seu nome era Wayne, um homem que trabalhava

ELE MUDOU MINHA VIDA

para meus pais quando eu era menino. Quando minha mãe tinha de sair para fazer alguma coisa ou ficava fora por algum período de tempo, Wayne ficava responsável por mim. Minha mãe me levava até Wayne e dizia: – Agora, você obedeça a Wayne e faça tudo o que ele mandar. Se não, quando eu voltar para casa, você vai apanhar.

Você pode ter certeza de que ninguém gostaria de apanhar da minha mãe. Mas eu teria suportado feliz qualquer surra se pudesse ter evitado o que Wayne pretendia fazer comigo. Desde meus seis anos de idade até os treze, Wayne abusou sexualmente de mim. Quando contei para minha mãe, ela se recusou a acreditar. Aos treze anos de idade, eu ameacei Wayne: – Se você me tocar mais uma vez, mato você!

Wayne sabia que eu falava sério e parou.

Eu queria que Wayne queimasse no inferno e estava disposto a escoltá-lo até lá. As lembranças

O que você pensa?
Por que é tão difícil separar a fé do cristianismo do homem, Jesus Cristo? Você percebe como muitas vezes as pessoas enxergam as duas coisas como se fossem diferentes e opostas?

do abuso me assustavam. Mas, depois que conheci a Cristo, eu sabia que teria de perdoar Wayne, assim como perdoara o meu pai. Mais uma vez, eu o confrontei e disse: – Wayne, o que você fez comigo foi maldade. Mas confiei em Jesus Cristo como meu Salvador e Senhor e sou cristão agora. Vim dizer-lhe que Jesus morreu por você, assim como morreu por mim. Eu o perdoo.

Essa foi uma das coisas mais difíceis que tive de fazer na vida, e jamais o teria feito por vontade própria. Se você tem uma história semelhante, esteja certo de que não precisa

MAIS QUE UM CARPINTEIRO

enfrentar sozinho os seus demônios. O seu passado *pode* ser vencido com a ajuda de Deus.

Você pode rir do cristianismo, pode caçoar e ridicularizar os cristãos. Mas o cristianismo funciona. Transforma vidas. Preciso dizer: *Jesus Cristo* transforma vidas. O cristianismo não é uma religião; não é um sistema; não é um ideal ético; não é um fenômeno psicológico. É uma *pessoa.* Se você confia em Cristo, comece a observar as suas atitudes e os seus atos, porque o negócio de Jesus é transformar vidas.

Como você pode ver, a minha fé em Cristo foi um processo, começando com uma pesquisa teimosa e evoluindo até uma experiência de vida transformada. Hoje em dia, muitos parecem ávidos por experiências – desejam o tipo de vida renovada que eu encontrei –, mas não estão dispostos a submeter o cristianismo à dura prova das evidências. Talvez parte da relutância venha da recusa das pessoas em aceitar algo como absolutamente verdadeiro, diante da atual ênfase na tolerância e no multiculturalismo. Ou talvez se baseie no medo de que um exame franco levante dúvidas em vez de afirmar a verdade das reivindicações de Cristo.

Será que a pesquisa é um impedimento para a fé em Cristo? Não de acordo com Edwin Yamauchi, um dos especialistas mundiais em História do Mundo Antigo. Yamauchi, detentor de vários títulos de pós-graduação da Universidade Brandeis, é enfático: "Para mim, a evidência histórica tem reforçado meu compromisso com Jesus Cristo como Filho de Deus, que nos ama, morreu por nós e ressurgiu da morte. É simples assim".[1]

---

[1] YAMAUCHI, Edwin, citado por STROBEL, Lee. *The Case for Christ.* Grand Rapids, MI: Zondervan, 1998, p. 90.

ELE MUDOU MINHA VIDA

Quando questionado se a pesquisa histórica do Novo Testamento enfraqueceu sua fé, o especialista em manuscritos antigos Bruce Metzger respondeu imediatamente: "Na verdade, edificou minha fé. Durante toda a minha vida, tenho feito perguntas. Aprofundei-me no texto, estudei-o cuidadosamente e hoje sei com certeza que minha confiança em Jesus foi bem direcionada... muito bem direcionada".[2]

Citações como essas, provenientes de respeitados estudiosos, reafirmam o meu propósito em escrever este pequeno livro. Tenho tentado demonstrar que as declarações de Cristo são sólidas como fatos históricos, confirmados pelas evidências da história, pela profecia e pela razão. Compreender os fatos pode dar a você um fundamento sólido e confiável sobre o qual se firmar, ao mesmo tempo em que você vivencia as transformações de vida proporcionadas por Cristo, como eu e milhões de outros cristãos temos experimentado.

> O cristianismo não é uma religião; não é um sistema; não é um ideal ético; não é um fenômeno psicológico. É uma pessoa – Jesus Cristo – cujo negócio é transformar vidas.

No entanto, apesar da firmeza dos fatos e da autenticidade da experiência, o cristianismo não é algo que podemos empurrar goela abaixo. Não podemos impor Cristo a outras pessoas. Você precisa viver sua vida, e eu preciso viver a minha. Somos livres para tomar nossas próprias decisões. Eu só posso contar a você o que eu aprendi. Depois disso, o que você faz com o que você sabe depende exclusivamente de você.

---

[2] METZGER, Bruce, citado por STROBEL, Lee. *The Case for Christ*, p. 71.

Talvez a seguinte oração o ajude: "Senhor Jesus, preciso de ti. Obrigado por teres morrido na cruz por mim. Perdoa-me, limpa minha vida. Neste exato momento, confio em ti como *meu* Salvador e Senhor. Faze de mim o tipo de pessoa que me criaste para ser. Em nome de Cristo. Amém".

Sobre os autores

Josh McDowell recebeu grau de mestre em Teologia do Seminário Teológico Talbot, na Califórnia. Em 1964 filiou-se à equipe de Cruzada Estudantil para Cristo e por fim se tornou representante internacional dessa organização, viajando por todo o mundo e focando especialmente questões enfrentadas pelos jovens de hoje.

Josh já falou a mais de 10 milhões de jovens em 84 países, incluindo mais de 700 *campi* universitários. É autor ou coautor de mais de 110 livros e apostilas de trabalho, distribuídos em mais de 35 milhões de exemplares impressos no mundo inteiro. Os livros mais populares de Josh são: *Novas evidências que demandam um veredito* (São Paulo, Editora Hagnos), o livro e a série de estudos *Certo ou errado* (Editora Candeia, 1997), e *Why True Love Waits.*

Josh e sua esposa Dottie vivem em Dana Point, Califórnia, e têm quatro filhos adultos.

Sean McDowell é professor no ensino médio, palestrante e autor. Formou-se com as mais altas notas no Seminário

Teológico Talbot e tem mestrado duplo em Filosofia e Teologia. É autor de *Ethix: Being Bold in a Whatever World* e coautor de *Understanding Intelligent Design* e *Evidence for the Ressurrection*[1]. É também editor de *Apologetics for a New Generation* e *The Apologetics Study Bible for Students*.

Sean foi nomeado Educador do Ano para San Juan Capistrano no ano letivo de 2007-2008. Sua formação em Apologética recebeu *status* exemplar da Associação Internacional de Escolas Cristãs. Ele foi palestrante visitante em programas de rádio de *Focus on the Family, The Bible Answer Man, Point of View* e *The Frank Pastore Show*.

Em abril de 2000, Sean casou com sua namorada do colégio, Stephanie. Eles têm dois filhos: Scottie e Shauna, e vivem em San Juan Capistrano, Califórnia.

---

[1] Edição brasileira: *Evidências da ressurreição*. Rio de Janeiro: CPAD, 2011.

Sua opinião é importante para nós.

Por gentileza, envie-nos seus comentários pelo e-mail:

editorial@hagnos.com.br